松本ゆうみ

JN110011

ゆーママの

簡単!

節約レンチン

ごはん

ほぼコンテナに
入れるだけ!

冷凍つくりおき

ONE PUBLISHING

⌒ PROLOGUE ⌒

はじめに

　本書でご紹介するのは「節約レンチンごはん」です。

　食品価格が高騰する中、食費を節約するのはあたりまえのことになりました。それでも「おいしく、満足感がある食事で家族の笑顔を引き出したい！」という思いで考えたレシピです。

　「節約レンチンごはん」は、コンテナに生の食材と調味料を重ねて詰めて、そのまま冷凍。食べるときはレンチンするだけで、できたてのおいしさを楽しんでいただけます。

　すべてのレシピが、電子レンジ加熱はたったの1回。レンジに入れたらほったらかしですむので、忙しいとき、疲れているときでも食事作りが苦になりません。

　時間のあるときに冷凍ストックしておけば、「レンチンして食べてね」と家族のお留守番ごはんにも役立ちます。

　こだわったのはおいしさです。

　食材の味わいと食感を生かし、メリハリのある味を追求してたどりついたのが「重ねる順番」。電子レンジの特徴をふまえて、食材のおいしさを引き出す秘訣です。節約食材をおいしくいただくアイデアも、たっぷり盛り込みました。

　忙しいみなさまの日々の食事作りに、お役立ていただければ幸いです。

松本ゆうみ（ゆーママ）

節約レンチンごはんの
ここがすごい！

- ⁙ 準備は 切って詰めるだけ
- ⁙ コンテナごとレンチン1回 ですぐ食べられる
- ⁙ 重ねる順番で 食感、味わいがアップ
- ⁙ 冷凍保存できるから フードロス解消、節約に

C O N T

CHAPTER 1

買い物メモつき食費と手間を節約

4人分1週間で4,000円！ 1か月献立

1st WEEK

2nd WEEK

E　N　T　S

CONTENTS

この本の見方

この本をより便利に使っていただけるよう、見方や約束事についてまとめました。

1 **1人分の食費**
料理ごとに、1人分（特記がない場合）のおおよその材料費を記載しています。基本的な調味料、油、小麦粉、香味野菜、つけ合わせの食材については加算していません。

2 **作り方**
コンテナに材料を詰めて、冷凍するまでの工程を記載しています。

3 **食べるとき**
冷凍後のコンテナの加熱の仕方、仕上げ方を記載しています。食べるときに追加する材料は分量外です。

4 **詰める順番**
コンテナに材料を詰める順番を表示しています。

5 **POINT**
おいしく作るために押さえておきたいポイントを記載しています。

6 **ゆーママMEMO**
料理のちょっとしたコツやその理由をわかりやすく解説しています。

ⓐ

《加熱時のふたの仕方》
レシピの表記に「コンテナのふたを斜めにのせ〜」とある場合は、コンテナとの間にすきまができるように、ふたを斜めにずらしてのせてください。（ⓐ）

《冷凍保存について》
◆ 保存期間は冷凍で3週間です。
◆ 冷凍保存期間は目安です。
◆ 一度解凍したものを再冷凍するのは厳禁です。

《本書で使用するコンテナ》
冷凍に対応可能で耐熱性のある容量1100mlのものを使用しています。（ⓑ）

ⓑ

正方形の深型タイプ
内容量：1100ml
縦156mm×横156mm×深さ83mm

レシピの表記について
• 計量単位は大さじ1＝15ml、小さじ1＝5mlです。
• 塩など粉状のものの分量表記の「少々」は親指と人さし指の2本でつまんだ分量です。
• 基本的に皮をむいて調理する野菜は皮をむく工程を、ヘタを除く野菜はヘタを除く工程を、石づきを除いて調理するきのこ類は石づきを除く工程を省いて記載しています。

電子レンジ調理について
• 電子レンジの加熱は600Wを基準としています。700Wの場合は加熱時間を0.8倍、500Wの場合は1.2倍を目安に加減してください。
• 電子レンジ調理は食材の重量で加熱時間が決まります。そのため本書では食材の概量（本数、個数など）のほかに重量も併記しています。野菜などは皮や種を除いた正味重量です。
• 電子レンジ調理では、突然沸騰する可能性があります。やけどには十分ご注意ください。
• コンテナはプラスチック製で耐熱性があり、冷凍保存もできるものを使ってください。ふたが耐熱性でないものは、ふたの代わりにラップを両端にすきまをあけてかけて加熱してください。

節約レンチンごはんの
おいしい作り方

**冷凍&電子レンジ加熱の特徴をふまえた、
よりおいしく作るためのコツを紹介します。**

・ 詰め方の コツ ・

詰め方のコツ

早く火を通したいものは
下段に入れる

肉や魚介は、なるべく短時間で火を通すのがしっとりと仕上げるコツ。電子レンジは下から火が通るので、基本的に下段(1、2段目)に詰めます。コンテナの中央はマイクロ波が届きにくいので、シュウマイなど厚みのあるものは真ん中をあけておくと加熱ムラが防げます。

詰め方のコツ

あまり火を通したくないものは
いちばん上にのせる

食感を残したい食材や色鮮やかに仕上げたい食材は、マイクロ波が当たりにくいいちばん上にのせて。マヨネーズやバターは、完全に溶けると油っぽくなるので、いちばん上の中央にのせるのがコツ。まろやかさがキープできます。

詰め方のコツ

水を加えずに冷凍
レンチンするときに加える

コンテナに詰めて冷凍するのは食材、調味料だけ。水分が必要な料理は、食べるときに常温の水を加えて加熱します。あとから水を加えることで、野菜が水っぽく、食感が悪くなるのが防げるうえ、加熱時間が短縮できて節約にも! 加熱時間が変わって生煮えなどの原因になるので、湯や冷水は使わないでくださいね。

詰め方のコツ 4

ペーパータオルをかぶせて
味をしみ込ませる

味を中までしみ込ませたい料理は、ペーパータオルをかぶせ、その上から調味液をかけて冷凍します。食材が温まりやすくなるうえ、食材の表面から水分が蒸発するのを防げます。今回は加熱途中で上下を返さないため、全体にまんべんなく味をいきわたらせる効果もあります。

詰め方のコツ 5

野菜の水分を利用して
焦げつきを防ぐ

電子レンジ加熱では油分にマイクロ波が集中するため、肉や魚介など脂肪の多い食材が焦げやすくなります。水分の多い野菜と交互に重ねて入れると、加熱中に野菜から蒸気が出るので焦げつきを防げます。

詰め方のコツ 6

とろみづけ用の粉類は
食材にまぶして
冷凍する

片栗粉や小麦粉を水や調味液で溶いてコンテナに入れると、冷凍中に底に粉類が沈殿して、ダマができたり、とろみがつかない原因に。食材にまぶして冷凍し、食べるときに水を加えて加熱してください。加熱後は、アツアツのうちに混ぜ、とろみが均一になるようにしてください。

詰め方のコツ 7

形をくずしたくないものは
ぎゅうぎゅうに詰める

お好み焼きや豚バラ白菜のように形をくずしたくない料理は、コンテナの四角い形を型の代わりに利用します。加熱すると水分が出てかさが減るので、手で押さえながらぎゅうぎゅうに詰め込むのがコツ。取り出すときは器の上でさかさまにすると、きれいに取り出せますよ。

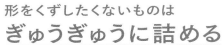

詰め方のコツ 8

肉団子は丸めずに、
炒り卵は卵液のまま冷凍する

準備の手間はなるべく省きたいもの。ひき肉だねは丸めずにコンテナに広げて冷凍し、加熱してからスプーンでひと口大に切り分けます。炒り卵は卵液を冷凍して、加熱後にほぐすように混ぜるとふんわり食感に。洗い物も減らせてラクチンです。

・ 下準備の コツ ・

下準備のコツ 1
かたい野菜は
薄く、小さく切る

根菜類などかたく水分が少ない野菜は、食材に含まれる水分を利用して加熱する電子レンジでは温まりにくいもの。ほかの材料と加熱時間をそろえるために薄切りにすると安心です。厚みを持たせたい場合は、小さめの乱切りにしてマイクロ波の当たる面積を増やしましょう。

下準備のコツ 2
アクの強い野菜は
水にさらす

アクの強い野菜は酢水か水に数分つけて、アク抜きをしてから冷凍します。にんじんは冷凍すると特有の匂いが強くなるので、同様に水にさらしましょう。

下準備のコツ 3
しっかり水気をきる

食材に水気がついたまま冷凍すると、冷凍やけや霜がついたり、味が薄まったりとおいしく食べられない原因に。ざるにあげてしっかり水気をきるか、ペーパータオルで水気をふき取ってから冷凍します。

下準備のコツ 4
レシピの 分量を守る

電子レンジの場合、食材の形や大小よりも、加熱時間は重量に比例します。本書の加熱時間はレシピの分量に合わせて計算しています。また、野菜などをレシピより多く入れると水分が出て、水っぽくなったり加熱時間がかかることも。レシピの分量は守って作ってくださいね。

・加熱後の コツ ・

ふたをあける
タイミングに注意

本書ではレシピによってふたをあけるタイミングが異なります。煮汁の少ない煮物や蒸し鶏などは、具材の一部が汁から出ているとその部分だけパサついたり、かたくなってしまいます。すぐにふたをあけて全体に汁気をからめましょう。蒸しパンやリゾットは、ふたをして蒸らすことで、さらにおいしく仕上がります。

すぐに水気をきる

野菜は冷凍中に細胞壁が壊れるため、加熱すると水分が出やすくなります。加熱後は、すぐに水気をきって、余分な水分を吸わせないようにしてください。水気をきってから全体を混ぜることで、味がぼやけるのも防げます。

料理に合った 混ぜ方をする

原則として、全体をよく混ぜることで味が均一にからんでおいしくいただけます。ただし、かぼちゃや芋類などくずれやすいものや形をきれいに仕上げたいものは、コンテナ全体を傾けながら回して、調味料をからめるようにしてください。

できたてを食べる

いちばんおいしいのは、加熱したてのアツアツの状態。時間がたつと水気が出て食感が悪くなったり、味が薄まってしまいます。食べる直前に加熱してくださいね。

これならできる！
節約の8つのコツ

節約のコツを押さえて、ラクにしっかり節約しましょう。

節約のコツ 3 | 節約のコツ 5 | 節約のコツ 7 | 節約のコツ 8

 食材をまとめ買いして、まとめて仕込む

食材は1週間分の献立を決めてまとめ買い、新鮮なうちに節約レンチンごはんの仕込みをして冷凍すれば、生鮮食材を余らせる心配もありません。

 献立の中で、同じ食材を使いまわす

同じ食材でも切り方や味つけを変えれば同じ献立に使って問題なし。購入する食材の種類を減らして、品数を増やすコツです。

 肉はちょっと残して、サブにも使う

肉は1パックを全部メインおかずに使うのではなく、少し残してサブおかずにプラス。サブにボリュームが出ると満足感がアップします。

 ごはんがすすむ メリハリ味にする

スパイス、わさびや練り辛子、酢などのインパクトのある調味料でメリハリをつけるか、濃いめの味つけにしてごはんがすすむ味を心がけて。

 おかずがさみしいときは 汁物をプラス

汁物があると食卓がにぎやかになって、満腹感も出るといいことずくめ。冷凍スープ玉（P.78 参照）があると便利ですよ。

 週1〜2回は ごはん、めんを主役に

毎日、がっつり肉や魚介のおかずがなくても大丈夫。ごはん物やめん類は大人も子どもも大好物。節約しながら家族ウケもバッチリです。

 大きく切って 山盛り感を

お得食材を足すのもかさ増しですが、食材を大きく切って山盛り感を出すのも使えるワザ。火の通りやすい野菜でするのがコツです。

少量でうまみの出る 食材を利用

肉や魚介が少なくても、カニ風味かまぼこやツナ缶など少量でうまみの出る食材を使えば物足りなさはありません。

買い物メモつき
食費と手間を節約

4人分1週間で
4,000円!
1か月献立

週末に、材料を切ってコンテナに詰めれば、
平日はレンチンするだけ!
冷凍ワザとお買い得食材を駆使した
節約レンチンごはんの1か月献立です。

※冷凍保存期間はすべて3週間

\ まとめ作りに便利! /

買い物&切り方リスト

食費1週間分 >> 🛍 **3,146**円

・まとめ買いする物・	・使う料理と切り方・
肉・魚介・加工品	
☐ 鶏もも肉 … 2枚（500g）	2枚（半分に切る）➡ 照り焼きレモンチキン `P.16`
☐ 豚こま切れ肉 … 350g	250g ➡ 豚肉の玉ねぎソース `P.18` 50g ➡ ふわとろお好み焼き `P.24` 50g（粗く刻む）➡ 食べる担々豆乳スープ `P.26`
☐ 鶏ひき肉 … 100g	100g ➡ 大根つくねの煮物 `P.20`
☐ ベーコン（ハーフ）… 8枚	4枚（細切り）➡ 大根とベーコンのコールスロー `P.16` 4枚（4cm長さに切る）➡ 和風カルボうどん `P.28`
☐ 生鮭の切り身 … 3切れ（300g）	3切れ（4等分に切る）➡ 鮭のケチャップ甘酢あん `P.22`
☐ ツナ缶（オイル漬け）… 小1缶（70g）	小1缶 ➡ ツナマヨ卵サラダ `P.18`
卵・豆腐・大豆製品	
☐ 卵 … 1パック（9個使用）	2個 ➡ ツナマヨ卵サラダ `P.18` 1個 ➡ ふわとろお好み焼き `P.24` 4個 ➡ 麻婆オムレツ `P.26` 2個 ➡ 和風カルボうどん `P.28`
☐ 木綿豆腐 … 1丁	1/2丁 ➡ 大根つくねの煮物 `P.20` 1/2丁 ➡ 春雨とにらの中華風スープ `P.24`
☐ 豆乳（調整）… 600ml	200ml ➡ 食べる担々豆乳スープ `P.26` 400ml ➡ 和風カルボうどん `P.28`

・まとめ買いする物・	・使う料理と切り方・

野菜・果物

☐ キャベツ … 1と1/8 個	1/8 個（3cm大に切る）▸ ツナマヨ卵サラダ **P.18**
	1/4 個（5cm大に切る）▸ キャベツのねぎ塩だれあえ **P.22**
	1/2 個（千切り）▸ ふわとろお好み焼き **P.24**
	1/8 個（3cm大に切る）▸ 食べる担々豆乳スープ **P.26**
	1/8 個（3cm大に切る）▸ 和風カルボうどん **P.28**
☐ 大根 … 1/2 本	1/4 本（5cm長さの細切り）▸ 大根とベーコンのコールスロー **P.16**
	1/4 本（8mm厚さの半月切り）▸ 大根つくねの煮物 **P.20**
☐ 玉ねぎ … 3 個	1/2 個（薄切り）▸ 豚肉の玉ねぎソース **P.18**
	1/2 個（2cm大に切る）▸ 鮭のケチャップ甘酢あん **P.22**
	2 個（芯をつけたまま半分に切る）▸ オニオンポトフ **P.28**
☐ 長ねぎ … 3 本	2 本（4cm長さに切る）▸ 照り焼きレモンチキン **P.16**
	青い部分1本分（みじん切り）▸ キャベツのねぎ塩だれあえ **P.22**
	1 本（斜め薄切り）▸ 麻婆オムレツ **P.26**
☐ にら … 1 束	1/2 束（4cm長さに切る）▸ 春雨とにらの中華風スープ **P.24**
	1/2 束（4cm長さに切る）▸ 食べる担々豆乳スープ **P.26**
☐ ピーマン … 9 個	6 個（縦半分に切る）▸ ピーマンのおかかお浸し **P.20**
	3 個（3cm大に切る）▸ 鮭のケチャップ甘酢あん **P.22**
☐ レモン … 1 個	1/2 個（4枚の輪切り）▸ 照り焼きレモンチキン **P.16**
	1/2 個（果汁を搾る）▸ 大根とベーコンのコールスロー **P.16**

その他

☐ かつお節	1パック ▸ ピーマンのおかかお浸し **P.20**
☐ 乾燥春雨	40g ▸ 春雨とにらの中華風スープ **P.24**
☐ バター	10g ▸ 豚肉の玉ねぎソース **P.18**

甘辛味のチキンでごはんをパクパク、
コールスローでさっぱりと。無限ループで
おなかも大満足の組み合わせです。

照り焼きレモンチキン＆
大根とベーコンのコールスロー

MAIN DISH 1人分171円

照り焼きレモンチキン

"大きなお肉"で節約感を一掃！甘辛味にレモンのさわやかさが
加わって、いつもと違うおいしさに気分も食欲もアップ。

詰める順番

【材料（4人分）】

鶏もも肉（半分に切る）… 2枚（500g）
長ねぎ（4cm長さに切る）… 2本（200g）
A　はちみつ … 大さじ3
　　しょうゆ … 大さじ2
片栗粉 … 大さじ1
レモン（4枚の輪切り）… 1/2個

【作り方】

❶ 鶏肉はフォークで皮目に数か所穴をあけ、Aをからめ、
　小麦粉をまぶす。

❷ コンテナに長ねぎ、1の順に半量ずつ平らにして重ねて
　入れ、もう一度同様に重ね、いちばん上にレモンをの
　せる。ふたをして冷凍する。

【食べるとき】

❶ コンテナのふたを斜めにのせ、電子レンジ（600W）で
　25分ほど加熱する。レモンを取り出し、全体を混ぜる。

❷ 器に鶏肉、長ねぎを盛り、1のレモンをのせる。

ゆーママMEMO

冷凍中にはちみつがしみ込むので
お肉がしっとり。レモンは酸味と
香りがとばないように、生のレモ
ンの薄切りを入れるのがコツです。

SIDE DISH 1人分27円

大根とベーコンの
コールスロー

あっさりした大根はベーコンを合わせてうまみをプラス。
ドレッシングをかければ冷凍しても乾燥しません。

詰める順番

【材料（4人分）】

大根（5cm長さの細切り）… 1/4本（250g）
ベーコン（ハーフ・細切り）… 4枚（36g）
A　レモンの搾り汁 … 1/2個分
　　オリーブオイル … 大さじ1
　　塩…小さじ1/3
　　こしょう … 少々

【作り方】

コンテナに大根をぎゅうぎゅう押し込んで平らにし、ベー
コンを広げてのせ、混ぜ合わせたAをかける。ふたをして
冷凍する。

【食べるとき】

❶ コンテナのふたを斜めにのせ、電子レンジ（600W）で5
　分ほど加熱する。汁気をきり、全体を混ぜる。

❷ 器に盛り、好みで粗びき黒こしょう適量をふる。

ゆーママMEMO

大根から水分が出て味が薄まるの
で、塩味は強めにつけるのがコツ。
加熱後は水気をよくきると味がぼや
けず、シャキシャキの歯ざわりに！

メインは濃いめの味つけで
少ない肉でもごはんがすすむ！
サラダのまろやかなコクと相性抜群です。

豚肉の玉ねぎソース&
ツナマヨ卵サラダ

MAIN DISH 〔1人分83円〕

豚肉の玉ねぎソース

3日以上冷凍すると味がしみ込み、こま切れ肉もやわらかに。
玉ねぎは味に深みが出るうえ、かさ増し効果も抜群です。

詰める順番

バター

下味をつけた
豚肉＆玉ねぎ ❶

【材料（4人分）】

豚こま切れ肉 … 250g
玉ねぎ（薄切り）… 1/2 個（150g）
A │ 砂糖 … 大さじ2
　│ しょうゆ、酢、ウスターソース
　│ 　… 各大さじ1
　│ 片栗粉 … 小さじ1
バター … 10g

【作り方】

❶ コンテナに豚肉を入れてAをからめ、玉ねぎを加えて混ぜ、平らにする。

❷ いちばん上の中央にバターをのせる。ふたをして冷凍する。

【食べるとき】

❶ コンテナのふたを斜めにのせ、電子レンジ（600W）で20分ほど加熱し、全体を混ぜる。

❷ 器に盛り、あればパセリ（みじん切り）適量を散らす。

SIDE DISH 〔1人分46円〕

ツナマヨ卵サラダ

炒り卵の存在感は彩りがほしいときの救世主。塩味だけより、
めんつゆを入れると奥行きのある味がやみつきに。

詰める順番

マヨネーズ

キャベツ

卵液 ❶

【材料（4人分）】

卵 … 2個（110g）
ツナ缶（オイル漬け）… 小1缶（70g）
キャベツ（3cm大に切る）… 1/8 個（125g）
めんつゆ（2倍濃縮）… 大さじ1
マヨネーズ … 大さじ2

【作り方】

❶ コンテナに卵を割り入れ、めんつゆ、ツナをオイルごと加えてほぐし混ぜる（卵液）。

❷ キャベツを加えて平らにし、いちばん上の中央にマヨネーズをのせる。ふたをして冷凍する。

【食べるとき】

❶ コンテナのふたを斜めにのせ、電子レンジ（600W）で6分ほど加熱する。フォークで卵をつぶしながら5〜6回全体を混ぜる。

❷ 器に盛り、好みで粗びき黒こしょう適量をふる。

｛ POINT ｝

マヨネーズはいちばん上の中央にこんもりのせる。こうすると、冷凍してもカチカチに凍らずにすみ、加熱しても油のように溶けてしまわないので、クリーミーさがキープできる。

白だしが素材の味を引き立てる
あっさり煮物に、しょうがを効かせた
お浸しでメリハリをつけた献立です。

大根つくねの煮物&
ピーマンのおかかお浸し

MAIN DISH 〔1人分42円〕

大根つくねの煮物

大根にやさしいうまみがしみ込んでしみじみおいしい。
大根の蒸気でつくねはふわふわ、しっとりです。

詰める順番

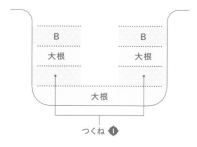

【材料(4人分)】

鶏ひき肉 … 100g
木綿豆腐 … 1/2丁(150g)
大根(8mm厚さの半月切り) … 1/4本(250g)
A ┃ 片栗粉 … 小さじ2
　 ┃ 塩 … 少々
B ┃ 白だし … 大さじ2
　 ┃ みりん … 大さじ1

【食べるとき】

1. コンテナのふたを斜めにのせ、電子レンジ(600W)で15分ほど加熱し、やさしく混ぜる。
2. 器に盛り、あればかいわれ大根適量を添える。

【作り方】

1. ポリ袋にひき肉、Aを入れ、袋の上からよくこね、豆腐を加えて全体になじむまで混ぜる。8等分して丸める(つくね)。
2. コンテナに大根半量を入れて平らにし、1を中央をあけて並べる(ⓐ)。残りの大根をのせて平らにし、混ぜ合わせたBをかける。ふたをして冷凍する。

POINT

ⓐコンテナの中央は火が通りにくいので、つくねは入れずにあけておく。大根は水分が多く火の通りがよいので中央にも入れてOK。

SIDE DISH 〔1人分34円〕

ピーマンのおかかお浸し

ピーマンは大きく切って山盛り感を演出。
加熱は短時間で食感よく仕上げます。

詰める順番

【材料(4人分)】

ピーマン(縦半分に切る) … 6個(150g)
A ┃ めんつゆ(2倍濃縮) … 大さじ2
　 ┃ おろししょうが(チューブ) … 小さじ1/3
　 ┃ ごま油 … 大さじ1
かつお節 … 1パック(3g)

【食べるとき】

コンテナのふたを斜めにのせ、電子レンジ(600W)で4〜5分ほど加熱し、全体を混ぜる。

【作り方】

コンテナにAを入れて混ぜ、ピーマンを切り口を下にして並べ、いちばん上にかつお節を広げてのせる。ふたをして冷凍する。

ゆーママMEMO

ピーマンは切り口を下にして並べるのがコツ。容器の底にアーチ状の空洞ができて電子レンジのマイクロ波が届きやすくなり、短時間でムラなく火が通ります。

甘酢あんと塩だれあえは
まさに王道の中華おかず。
おうちで気軽に外食気分にひたれます。

鮭のケチャップ甘酢あん＆
キャベツのねぎ塩だれあえ

MAIN DISH　1人分93円

鮭のケチャップ甘酢あん

鮭のうまみがいい感じに野菜に移って美味。甘酸っぱいあんで
おなかがふくれます。お子さまにはラー油なしでどうぞ。

詰める順番

ピーマン
玉ねぎ
A
下味をつけた生鮭 ❶

【材料（4人分）】

生鮭の切り身（4等分に切る）… 3切れ（300g）
玉ねぎ（2cm大に切る）… 1/2個（150g）
ピーマン（3cm大に切る）… 3個（75g）
塩、こしょう … 各少々
片栗粉 … 大さじ1
A ｜ トマトケチャップ … 大さじ3
　　 砂糖、酢 … 各大さじ2
　　 酒 … 大さじ1
　　 おろしにんにく（チューブ）… 小さじ1/4

【食べるとき】

❶ コンテナに水150mlを加え、ふたを斜めにのせて電子レンジ
　（600W）で20〜25分ほど加熱し、やさしく混ぜる。
❷ 器に盛り、好みでラー油適量をかける。

【作り方】

❶ 生鮭は塩、こしょうをふり、片栗粉をまぶす。
❷ コンテナに1を並べて入れ、混ぜ合わせたAをか
　け、玉ねぎ、ピーマンの順に重ねて平らにする。
　ふたをして冷凍する。

ゆーママMEMO

とろみづけ用の片栗粉は調味液に混ぜて冷凍
すると底に沈んで固まってしまい、加熱時の
ダマの原因に。鮭にまぶしておくことで、加
熱後に全体を混ぜるだけで均一にとろみづけ
ができます。辛いのが苦手な方やお子さまは、
取り分けてラー油なしでどうぞ。

SIDE DISH　1人分21円

キャベツのねぎ塩だれあえ

キャベツを大きく切って、食卓映えするおかずに格上げ。
香り豊かで止まらないおいしさです。

詰める順番

A
キャベツ

【材料（4人分）】

キャベツ（5cm大に切る）… 1/4個（250g）
A ｜ 長ねぎの青い部分（みじん切り）… 1本分（20g）
　　 ごま油 … 大さじ1
　　 顆粒鶏ガラスープ … 小さじ1
　　 おろしにんにく（チューブ）… 小さじ1/3
　　 塩、こしょう … 各少々

【食べるとき】

❶ コンテナのふたを斜めにのせ、電子レンジ（600W）で5分ほど
　加熱し、全体を混ぜる。
❷ 器に盛り、好みで白いりごま適量をふる。

【作り方】

コンテナにキャベツを入れて平らにし、混ぜ合わせ
たAをのせる。ふたをして冷凍する。

ゆーママMEMO

長ねぎの青い部分は香りが強くて
色鮮やか。風味がとびやすい冷凍
おかずにぴったりなので、捨てず
に無駄なく使ってくださいね。

ソースの味に飽きないように、
口直しにもなる中華スープを添えて。
お子様にも人気の腹持ちのよい献立です。

ふわとろお好み焼き&
春雨とにらの中華風スープ

❦ MAIN DISH 〔1人分57円〕

ふわとろお好み焼き

分厚さもふんわり感もお好み焼き史上マックス！
レンジ蒸しの効果でキャベツがめちゃくちゃ甘くなります。

詰める順番

生地 ❶

豚肉

生地 ❶

【材料（4人分）】

豚こま切れ肉 … 50g
キャベツ（せん切り）… 1/2個（500g）
A | 小麦粉 … 90g
　 | 顆粒和風だし … 小さじ1/4
　 | 水 … 150ml
　 | 卵 … 1個（55g）

【作り方】

❶ ボウルにAを上から順に入れ、その都度ダマにならないように混ぜる。キャベツを加えて全体がなじむようにざっくり混ぜる（生地）。

❷ コンテナに1を半量入れてぎゅうぎゅう押し込んで平らにし、豚肉を1枚ずつ広げて覆うようにのせる。その上に残りの1を同様にして詰める。ふたをして冷凍する。

【食べるとき】

❶ コンテナのふたを斜めにのせ、電子レンジ（600W）で15分ほど加熱する。

❷ コンテナをさかさまにして器に取り出す。4等分して好みで中濃ソース、マヨネーズ、青のり、かつお節各適量をかける。

{ P O I N T }

取り出す際は、コンテナのふたを取って器をかぶせ、コンテナごとさかさまにする。ぎゅうぎゅうに詰めておかないと、取り出すときに形がくずれるので注意。

ゆーママMEMO

キャベツと豚肉が層になり、生地は加熱中に底に少したまるので、広島風お好み焼きのように楽しめます。トッピングはお好みでアレンジしてくださいね。

❦ SIDE DISH 〔1人分29円〕

春雨とにらの中華風スープ

春雨入りでおなかを満たしてくれるおかずスープは
節約ごはんの強い味方。体がポカポカ温まります。

詰める順番

A

にら

豆腐

春雨

【材料（4人分）】

乾燥春雨 … 40g
木綿豆腐（小さくくずす）… 1/2丁（150g）
にら（4cm長さに切る）… 1/2束（50g）
A | 顆粒鶏ガラスープ … 大さじ1
　 | 白いりごま … 小さじ2
　 | 塩、こしょう … 各少々
　 | ラー油 … 適量

【作り方】

コンテナに春雨、豆腐、にらの順に重ねて入れて平らにし、Aをかける。ふたをして冷凍する。

【食べるとき】

コンテナに水600mlを注ぎ、ふたを斜めにのせて電子レンジ（600W）で8分ほど加熱し、全体を混ぜる。

SATURDAY

1週目・土曜日の献立

オムレツはほぼ具なし、貴重なお肉は
スープに全投入。節約と満足感を
両立するテクニックです。

麻婆オムレツ＆
食べる担々豆乳スープ

MAIN DISH 〔1人分47円〕

麻婆オムレツ

肉なしでも、焼肉のたれとラー油の味で食べればしっかり麻婆です。
卵が固くならないように片栗粉を混ぜるのがコツ。

詰める順番

> 長ねぎ
>
> 卵液 ❶

【材料（4人分）】

卵 … 4個（220g）
長ねぎ（斜め薄切り）… 1本（100g）
A ┃ 水 … 大さじ4
  ┃ 片栗粉 … 小さじ1
B ┃ 焼肉のたれ（辛口）… 大さじ2
  ┃ ラー油 … 適量
  ┃ おろししょうが（チューブ）… 小さじ1/4

【作り方】

❶ コンテナにAを入れて混ぜてから、卵を割り入れてほぐし混ぜる（◎）。Bを加えてさらに混ぜる（卵液）。
❷ 長ねぎをのせて平らにする。ふたをして冷凍する。

【食べるとき】

❶ コンテナのふたを斜めにのせ、電子レンジ（600W）で7分ほど加熱する。
❷ コンテナをさかさまにして器に取り出し、焼肉のたれ、ラー油各適量をかけ、あれば長ねぎの青い部分（斜め薄切り）適量をのせる。

{ P O I N T }

◎片栗粉は卵の水分を閉じ込めるために加える。卵に片栗粉をそのまま加えるとダマになるので、水溶き片栗粉を作ってから卵を割り入れてほぐす。

SIDE DISH 〔1人分46円〕

食べる担々豆乳スープ

豆乳のマイルドさに豆板醤の辛みがたまりません。
こま切れ肉入りで、食べ盛りの子どもでも納得のボリュームです。

詰める順番

> 豚肉
> にら
> キャベツ
>
> Aを混ぜた豆乳 ❶

【材料（4人分）】

豚こま切れ肉（粗く刻む）… 50g
キャベツ（3cm大に切る）… 1/8個（125g）
にら（4cm長さに切る）… 1/2束（50g）
豆乳（調整）… 200ml
A ┃ 砂糖 … 大さじ2
  ┃ しょうゆ … 大さじ1
  ┃ みそ … 大さじ1/2
  ┃ 顆粒鶏ガラスープ … 小さじ1
  ┃ 豆板醤 … 小さじ1/4

【作り方】

❶ コンテナにAを入れて混ぜ、豆乳を加えてさらに混ぜる。
❷ キャベツ、にらの順に重ねて入れて平らにし、豚肉を広げる。ふたをして冷凍する。

【食べるとき】

❶ コンテナに水300mlを加え、ふたをしないで（ふたをすると沸騰してあふれることがあるので注意）電子レンジ（600W）で10分ほど加熱し、全体を混ぜる。
❷ 器に盛り、好みでラー油適量をかける。

おなかがいっぱいになる濃厚味の
うどんが主役。とろっとやわらかな
ポトフを添えて物足りなさゼロの献立です。

和風カルボうどん＆
オニオンポトフ

MAIN DISH 1人分43円

和風カルボうどん

詰める順番

卵

ベーコン

キャベツ

A

生クリームの代わりにマヨネーズと豆乳でコク出し。
白だしの和風味がほどよくて、うどんとのからみも抜群です。

【 材料（4人分）】

キャベツ（3㎝大に切る）… 1/8個（125g）
ベーコン（ハーフ・4㎝長さに切る）… 4枚（36g）
A　豆乳（調整）… 400ml
　　白だし … 大さじ1と1/2
　　マヨネーズ … 大さじ2
卵 … 2個（110g）

【 作り方 】

コンテナにAを入れて混ぜ、キャベツを加えて平らにし、ベーコンを並べ、中央に卵を割り入れる。卵黄に爪楊枝で数か所穴をあける（ⓐ）。ふたをして冷凍する。

【 食べるとき 】

❶ 冷凍うどん 4玉は袋の表示通り解凍して温め、器に盛る。

❷ コンテナのふたを斜めにのせ、電子レンジ（600W）で13〜15分ほど加熱する。全体を混ぜ、1にかける。

{ P O I N T }

ⓐレンジ加熱中に卵が破裂しないように、卵黄に爪楊枝で数か所穴をあけておく。

SIDE DISH 1人分12円

オニオンポトフ

詰める順番

A

玉ねぎ

冷凍中にコンソメがしみ込んで、長い時間煮込んだようなおいしさ。
甘みが増して野菜が苦手でもペロリと食べられます。

【 材料（4人分）】

玉ねぎ（芯をつけたまま半分に切る）… 2個（400g）
A　オリーブオイル … 大さじ2
　　顆粒コンソメ … 大さじ1
　　おろしにんにく（チューブ）… 小さじ1/2
　　塩、こしょう … 各少々

【 作り方 】

コンテナに玉ねぎを並べ入れ、混ぜ合わせたAをかける。ふたをして冷凍する。

【 食べるとき 】

❶ コンテナに水400mlを加え、ふたを斜めにのせ、電子レンジ（600W）で20分ほど加熱し、全体を混ぜる。
❷ 器に盛り、好みで粗びき黒こしょう適量をふる。

＼ まとめ作りに便利！ ／

買い物＆切り方リスト

食費I週間分 >> 🪙 **4,III** 円

・まとめ買いする物・	・使う料理と切り方・
肉・魚介・加工品	
☐ 鶏ささ身 … 6本（420g）	4本（斜め薄切り）▶ ささ身のプルコギ風 `P.32` 2本（薄いそぎ切り）▶ ささ身と小松菜のごまマヨあえ `P.40`
☐ 豚ロース肉（しょうが焼き用）… 8枚（320g）	8枚 ▶ 豚肉のみそ漬け `P.34`
☐ 豚ひき肉 … 200g	200g ▶ 肉団子酢豚 `P.36`
☐ ベーコン（ハーフ）… 8枚	4枚（長さを4等分に切る）▶ ガリバタポテサラ `P.40` 4枚（長さを4等分に切る） 　▶ かぼちゃとベーコンのトマトクリームグラタン風 `P.42`
☐ 塩サバ（ハーフ）… 4切れ（200g）	4切れ（半分のそぎ切り）▶ 塩サバの香味だれ漬け `P.38`
☐ ツナ缶（オイル漬け）… 小I缶（70g）	小I缶 ▶ シーフードカレー `P.44`
☐ ロールいか … 2本（400g）	2本（Icm幅、5cm長さの短冊切り）▶ シーフードカレー `P.44`
卵・乳製品	
☐ 卵 … I個	I個 ▶ 肉団子酢豚 `P.36`
☐ スライスチーズ … 2枚	2枚 ▶ かぼちゃとベーコンのトマトクリームグラタン風 `P.42`
☐ 牛乳 … 560ml	大さじ4 ▶ かぼちゃとベーコンのトマトクリームグラタン風 `P.42` 500ml ▶ 玉ねぎとコーンのスープ `P.42`
練り製品	
☐ カニ風味かまぼこ … Iパック（10本）	4本（ほぐす）▶ 白菜と小松菜のレモンサラダ `P.32` 6本（ほぐす）▶ ブロッコリーとカニかまの中華あん `P.36`

・まとめ買いする物・	・使う料理と切り方・

野菜・加工品

☐ かぼちゃ … 5/8 個
- 1/4 個（横半分に切り、薄切り）▶ かぼちゃとピーマンのごまポンあえ P.34
- 1/8 個（薄切り）▶ 肉団子酢豚 P.36
- 1/4 個（ひと口大に切る）
  ▶ かぼちゃとベーコンのトマトクリームグラタン風 P.42

☐ 小松菜 … 1 束
- 1/2 束（5cm長さに切る）▶ 白菜と小松菜のレモンサラダ P.32
- 1/2 束（5cm長さに切る）▶ ささ身と小松菜のごまマヨあえ P.40

☐ しめじ … 1 パック
- 1 パック（小房に分ける）
  ▶ かぼちゃとベーコンのトマトクリームグラタン風 P.42

☐ じゃがいも … 2 個
- 2 個（スライサーで薄い輪切り）▶ ガリバタポテサラ P.40

☐ 玉ねぎ … 2 個
- 1/2 個（薄切り）▶ ささ身のプルコギ風 P.32
- 1/2 個（薄切り）▶ 玉ねぎとコーンのスープ P.42
- 1 個（薄切り）▶ シーフードカレー P.44

☐ にら … 2 束
- 1 束（4cm長さに切る）▶ ささ身のプルコギ風 P.32
- 1 束（4cm長さに切る）▶ 塩サバの香味だれ漬け P.38

☐ にんじん … 3 本
- 1/2 本（5cm長さの細切り）▶ ささ身のプルコギ風 P.32
- 1/2 本（薄い半月切り）▶ 肉団子酢豚 P.36
- 1/2 本（5cm長さの細切り）▶ ささ身と小松菜のごまマヨあえ P.40
- 1/2 本（薄い半月切り）▶ シーフードカレー P.44
- 1 本（5cm長さのせん切り）▶ キャロットラペ P.44

☐ 白菜 … 5/8 株
- 1/4 株（2cm幅に切る）▶ 白菜と小松菜のレモンサラダ P.32
- 1/3 株（長さを半分に切る）▶ 豚肉のみそ漬け P.34
- 1/8 株（2cm幅に切る）▶ 白菜のナムル P.38

☐ ピーマン … 5 個
- 3 個（細切り）▶ かぼちゃとピーマンのごまポンあえ P.34
- 2 個（2cm大に切る）▶ 肉団子酢豚 P.36

☐ ブロッコリー … 2 個
- 1 個（小房に分ける）▶ ブロッコリーとカニかまの中華あん P.36
- 1 個（小房に分ける）▶ ガリバタポテサラ P.40

☐ クリームコーン缶（粒入り）… 2 缶（260g）
- 2 缶 ▶ 玉ねぎとコーンのスープ P.42

その他

☐ バター
- 10g ▶ ガリバタポテサラ P.40
- 10g ▶ シーフードカレー P.44

MONDAY

2週目・月曜日の献立

冷凍によって繊維が壊れたささ身と野菜に
ガッツリ味のたれがしみ込んで、
おかわり必至のおいしさです。

ささ身のプルコギ風&
白菜と小松菜のレモンサラダ

MAIN DISH 1人分78円

ささ身のプルコギ風

ささ身は1人1本と節約しても、薄切り&野菜を
たっぷり加えるワザでかさ増し効果は抜群です。

詰める順番

にら
玉ねぎ
にんじん
下味をつけたささ身 ❶

【材料（4人分）】

鶏ささ身（斜め薄切り）… 4本（280g）
玉ねぎ（薄切り）… 1/2個（150g）
にら（4cm長さに切る）… 1束（100g）
にんじん（5cm長さの細切り）… 1/2本（75g）
A｜ しょうゆ … 大さじ1と1/2
　｜ 白いりごま、コチュジャン … 各大さじ1
　｜ ごま油 … 大さじ1/2
　｜ 砂糖 … 小さじ2
　｜ おろしにんにく（チューブ）
　｜ 　… 小さじ1/4

【作り方】

❶ コンテナにささ身を入れて混ぜ合わせたAをからめる。
❷ にんじん、玉ねぎ、にらの順に重ねて平らにする。ふたをして冷凍する。

【食べるとき】

コンテナのふたを斜めにのせ、電子レンジ（600W）で20分ほど加熱する。全体を混ぜる。

ゆーママMEMO

ささ身は薄切りにして油入りの下味を
からめておくと、加熱時間を短くでき
てしっとりやわらかく仕上がります。

SIDE DISH 1人分55円

白菜と小松菜の
レモンサラダ

レンジ加熱で引き出された野菜の甘さ、
レモンのさわやかさが食欲をそそります。

詰める順番

A
小松菜
カニ風味かまぼこ
白菜

【材料（4人分）】

白菜（2cm幅に切る）… 1/4株（300g）
小松菜（5cm長さに切る）… 1/2束（150g）
カニ風味かまぼこ（ほぐす）… 4本（28g）
A｜ レモン汁、オリーブオイル … 各大さじ2
　｜ 砂糖 … 大さじ1
　｜ 塩 … 小さじ1/3
　｜ こしょう … 少々

【作り方】

コンテナに白菜、カニ風味かまぼこ、小松菜の順に重ねて入れて平らにし、混ぜ合わせたAをかける。ふたをして冷凍する。

ゆーママMEMO

野菜サラダの場合、レンジ加熱は
野菜に火を通すというより、解凍
するイメージでシャキッとした食
感を残すようにしてくださいね。

【食べるとき】

コンテナのふたを斜めにのせ、電子レンジ（600W）で8分ほど加熱し、全体を混ぜる。

甘みそ味の豚肉おかずには、まろやかな
ポン酢味のサブがぴったり。
わかめスープを添えれば
栄養バランスも満点です。

豚肉のみそ漬け&
かぼちゃとピーマンの
ごまポンあえ

♪ MAIN DISH 〔1人分187円〕

豚肉のみそ漬け

豚肉は見た目以上に味がしみしみ。肉とたれのうま味が
しみた白菜は、子どもたちもパクパク食べてくれます。

詰める順番

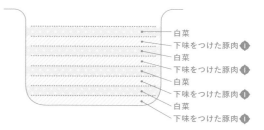

白菜
下味をつけた豚肉❶
白菜
下味をつけた豚肉❶
白菜
下味をつけた豚肉❶
白菜
下味をつけた豚肉❶

【材料（4人分）】

豚ロース肉（しょうが焼き用）… 8枚（320g）
白菜（長さを半分に切る）… 約1/3株（450g）
A｜ 砂糖 … 大さじ3
　｜ みそ … 大さじ2
　｜ しょうゆ … 大さじ1

【作り方】

❶ 豚肉は混ぜ合わせたAをからめる。
❷ コンテナに1を2枚ずつ、白菜を1/4量ずつ重ねて平ら
　にし、残りも同様にして重ねる。ふたをして冷凍する。

【食べるとき】

コンテナのふたを斜めにのせ、電子レンジ（600W）で22分ほ
ど加熱する。重なりをくずさないようにやさしく混ぜる。

{ P O I N T }

白菜と豚肉は1/4量ずつ交互に重
ねておくと、1人分ずつ豚肉はメイ
ン、白菜はつけ合わせ、と分け
て盛りやすい。白菜の水気で肉同
士がくっつくのも防げる。

ゆーママ MEMO

白菜は大きく切ると存在感と食べごた
えがアップして、お肉の量をカ
バーしてくれます。白菜が大きい場
合は、コンテナの幅に合わせて長さ
を調整して切ってくださいね。

♪ SIDE DISH 〔1人分39円〕

かぼちゃとピーマンの
ごまポンあえ

食べごたえのある野菜を組み合わせてボリュームアップ。
加熱したポン酢はまろやかでコクが出るので、ぜひお試しを。

詰める順番

A
ピーマン
かぼちゃ

【材料（4人分）】

かぼちゃ（横半分に切り、薄切り）… 1/4個（250g）
ピーマン（細切り）… 3個（75g）
A｜ 砂糖、ポン酢しょうゆ … 各大さじ1と1/2
　｜ 白いりごま、白すりごま … 各大さじ1

【作り方】

コンテナにかぼちゃ、ピーマンの順に重ねて入れて平
らにし、混ぜ合わせたAをかける。ふたをして冷凍する。

【食べるとき】

コンテナに水大さじ2を加え、コンテナのふたを斜めにのせ、電子レンジ（600W）で8
〜10分ほど加熱する。全体をやさしく混ぜる。

あん仕立ての中華おかずは
腹もちがよくて、野菜が無理なく
たっぷり食べられるのが魅力です。

肉団子酢豚&
ブロッコリーと
カニかまの中華あん

MAIN DISH 　1人分81円

肉団子酢豚

肉より野菜が多くても、しょうゆベースの濃いめのあんで
カモフラージュ。かさの減らない野菜を使うのもポイントです。

詰める順番

ピーマン
かぼちゃ
粉をまぶしたにんじん ❷
B
肉だね ❶

【材料（4人分）】

豚ひき肉 … 200g
卵 … 1個（55g）
にんじん（薄い半月切り）… 1/2本（75g）
ピーマン（2cm大に切る）… 2個（50g）
かぼちゃ（薄切り）… 1/8個（125g）
A｜片栗粉 … 大さじ1
　｜塩 … 少々
B｜酢 … 大さじ3
　｜砂糖、しょうゆ … 各大さじ2
　｜おろししょうが（チューブ）… 小さじ1/3
片栗粉 … 小さじ2

【作り方】

❶ ポリ袋にひき肉、Aを入れ、袋の上からこね、卵を割り入れて均一になるまでさらにこねる（肉だね）。

❷ 別のポリ袋ににんじん、片栗粉を入れて袋の口を閉じ、袋をふって粉をまぶす。

❸ コンテナに1を入れて平らにし、混ぜ合わせたBをかけ、2、かぼちゃ、ピーマンの順に重ねて平らにする。ふたをして冷凍する。

【食べるとき】

コンテナに水100mlを加え、ふたを斜めにのせて電子レンジ（600W）で20分ほど加熱する。ひき肉をスプーンで食べやすく切り分けてから（ⓐ）、全体を混ぜてとろみをつける（ⓑ）。

{ POINT }

ⓐ 加熱後に肉だねをスプーンで切り分けると肉団子風に。肉団子を丸める手間が省けて手が汚れず一石二鳥。

ⓑ 加熱後、アツアツのうちに全体を混ぜると、にんじんにまぶした片栗粉が行き渡ってとろみがつく。

SIDE DISH 　1人分58円

ブロッコリーと
カニかまの中華あん

あん仕立てにして味をしっかりからめるのが、
ごはんがすすむ野菜おかずの秘訣です。

詰める順番

A
カニ風味かまぼこ
粉をまぶしたブロッコリー ❶

【材料（4人分）】

ブロッコリー（小房に分ける）… 1個（200g）
片栗粉 … 大さじ1と1/2
カニ風味かまぼこ（ほぐす）… 6本（42g）
A｜オイスターソース、ごま油 … 各小さじ1
　｜顆粒鶏ガラスープ … 小さじ1/2
　｜塩、こしょう … 各少々

【作り方】

❶ ポリ袋にブロッコリー、片栗粉を入れ、袋の口を閉じ、袋をふって粉をまぶす（ⓐ）。

❷ コンテナに1を入れて平らにし、カニ風味かまぼこをのせ、混ぜ合わせたAをかける。ふたをして冷凍する。

【食べるとき】

コンテナに水200mlを加え、ふたを斜めにのせて電子レンジ（600W）で7分ほど加熱する。全体を混ぜてとろみをつける。

(ゆーママMEMO)

ⓐ ブロッコリーは蕾の部分に粉が入り込むので冷凍中に片栗粉が底にたまる心配がなく、とろみづけ用の片栗粉をまぶすのにぴったりです。

地味に見えて、じつはガッツリ。
子どもたちに魚を食べてほしいときにも
役立つ献立です。

塩サバの香味だれ漬け&
白菜のナムル

わかめ中華スープ　P.78参照

☙ MAIN DISH 〔1人分124円〕

塩サバの香味だれ漬け

にんにく、しょうが、にらの香りで食欲アップ。
塩サバ料理がマンネリになったときにもおすすめです。

詰める順番

塩サバ
にら
A

【 材料（4人分） 】

塩サバ（半分のそぎ切り）… 4切れ（200g）
にら（4cm長さに切る）… 1束（100g）
A ┌ 酢 … 大さじ3
　│ 砂糖、しょうゆ … 各大さじ2
　│ おろしにんにく、おろししょうが（各チューブ）
　└ 　… 各小さじ1/3

【 食べるとき 】

❶ コンテナに水大さじ2を加え、ふたを斜めにの
　せて電子レンジ（600W）で10〜15分ほど加熱
　する。全体をやさしく混ぜる。
❷ 器に塩サバを盛り、残ったたれをかけ、あれば
　長ねぎの青い部分（小口切り）適量を散らす。

【 作り方 】

コンテナにAを入れて混ぜ、にらを加えて平らに
し、いちばん上に塩サバを平らに並べる。ふたを
して冷凍する。

ゆーママMEMO

塩サバはすでに脱水してあるので、
塩をふって臭みを取る手間が省けま
す。一般的に魚はレンジ加熱すると
水っぽくなりますが、余分な水分が
抜けている塩サバはその心配もあり
ません。

☙ SIDE DISH 〔1人分22円〕

白菜のナムル

余分な水分が抜けて歯ざわりがよくなるのが
冷凍おかずのいいところ。アクが少ない白菜に
だしの風味がしみ込みます。

詰める順番

A
白菜

【 材料（4人分） 】

白菜（2cm幅に切る）… 1/8株（150g）
A ┌ ごま油 … 大さじ2
　│ おろしにんにく（チューブ）… 小さじ1/2
　│ 顆粒和風だし … 小さじ1
　└ 粉山椒（好みで）… 適量

【 作り方 】

コンテナに白菜を入れて平らにし、混ぜ合わせたAを
かける。ふたをして冷凍する。

【 食べるとき 】

コンテナのふたを斜めにのせ、電子レンジ（600W）で5分ほど加熱する。汁気をきり、全体を混ぜる。

ごはんがすすむ味つけのポテサラを
メインにしてグッと節約。コクのある
あえ物と合わせて物足りなさはゼロ!

ガリバタポテサラ&
ささ身と小松菜の
ごまマヨあえ

✿ MAIN DISH 〔1人分61円〕

ガリバタポテサラ

子どもが好きなコンソメ&にんにく味は、
肉や魚介なしでもメインに昇格。
ゴロゴロのブロッコリーで山盛り感を演出します。

詰める順番

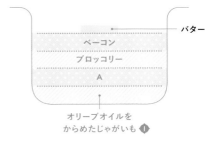

── バター

ベーコン
ブロッコリー
A

オリーブオイルを
からめたじゃがいも❶

【材料（4人分）】

じゃがいも（スライサーで薄い輪切り）… 2個（200g）
ベーコン（ハーフ・長さを4等分に切る）… 4枚（36g）
ブロッコリー（小房に分ける）… 1個（200g）
オリーブオイル … 大さじ1
A｜しょうゆ … 小さじ1
　｜顆粒コンソメ、おろしにんにく（チューブ）
　｜　… 各小さじ1/2
バター … 10g

【食べるとき】

コンテナのふたを斜めにのせ、水大さじ1を加える。
電子レンジ（600W）で8分ほど加熱し、フォークでじ
ゃがいもをざっくりつぶしながら全体を混ぜる。

【作り方】

❶ じゃがいもは洗って水気をきり、オリーブ
　オイルをからめる。
❷ コンテナに1を入れて平らにし、混ぜ合わせ
　たAをかけ、ブロッコリー、ベーコンの順に
　並べ、いちばん上の中央にバターをのせる。
　ふたをして冷凍する。

（ ゆーママMEMO ）

じゃがいもは冷凍に向きませんが、ごく薄切
りにしてでんぷんを水で洗い流すと食感が悪
くなるのを防げて、加熱後につぶすとよりお
いしくいただけます。かくし味にしょうゆを
加え、ごはんのおかずになるように仕上げま
した。

✿ SIDE DISH 〔1人分50円〕

ささ身と小松菜の
ごまマヨあえ

コクのあるごまマヨ味にわさびの刺激がアクセント。
淡泊なささ身がインパクトのあるおかずに変身します。

詰める順番

── マヨネーズ

小松菜
にんじん
下味をつけたささ身❶

【材料（4人分）】

鶏ささ身（薄いそぎ切り）… 2本（140g）
小松菜（5cm長さに切る）… 1/2束（150g）
にんじん（5cm長さの細切り）… 1/2本（75g）
A｜白すりごま、しょうゆ … 各大さじ1
　｜砂糖 … 小さじ1
　｜わさび（チューブ・好みで）… 小さじ1/3
マヨネーズ … 大さじ2

【作り方】

❶ コンテナにささ身を入れてAをからめて平らにする。
❷ にんじん、小松菜の順に重ねて平らにし、いちばん上の
　中央にマヨネーズをのせる。ふたをして冷凍する。

【食べるとき】

コンテナのふたを斜めにのせ、電子レンジ（600W）で8分
ほど加熱し、全体を混ぜる。

2nd WEEK

SATURDAY

2週目・土曜日の献立

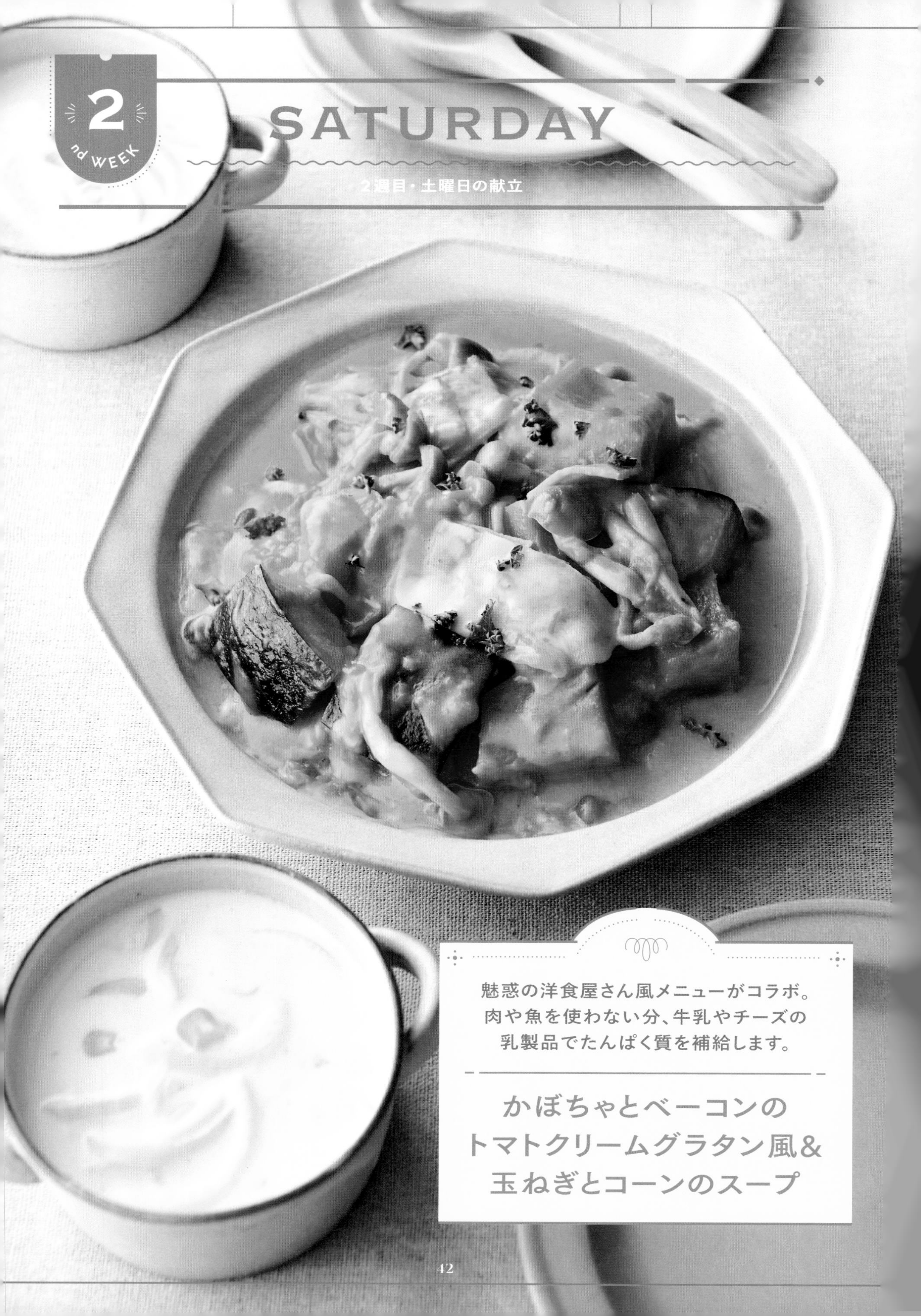

魅惑の洋食屋さん風メニューがコラボ。
肉や魚を使わない分、牛乳やチーズの
乳製品でたんぱく質を補給します。

かぼちゃとベーコンの
トマトクリームグラタン風&
玉ねぎとコーンのスープ

MAIN DISH 【1人分86円】

かぼちゃとベーコンの
トマトクリームグラタン風

詰める順番

ほんのり甘い濃厚クリームで子どもにも食べやすい！
チーズのとろみとコクでごちそう感がアップします。

【材料（4人分）】

かぼちゃ（ひと口大に切る）… 1/4個（250g）
ベーコン（ハーフ・長さを4等分に切る）… 4枚（36g）
しめじ（小房に分ける）… 1パック（150g）
A｜スライスチーズ（ちぎる）… 2枚（34g）
　｜牛乳、トマトケチャップ … 各大さじ4
　｜マヨネーズ … 大さじ2
　｜片栗粉 … 小さじ1

【作り方】

コンテナにかぼちゃ、しめじの順に重ねて入れて平らにし、ベーコンを並べて入れ、混ぜ合わせたAをかける。ふたをして冷凍する。

ゆーママMEMO

クリームソースのとろみは片栗粉なのでお手軽です。合わせ調味料にぽってりとした濃度があるので片栗粉が底に沈まず、ダマにならずにとろみづけできます。

【食べるとき】

コンテナのふたを斜めにのせ、電子レンジ（600W）で25分ほど加熱して、全体をやさしく混ぜる。器に盛り、あればパセリ（みじん切り）適量を散らす。

SIDE DISH 【1人分87円】

玉ねぎとコーンのスープ

詰める順番

コンソメの塩気が野菜の甘さを引き立てます。
メインがこってり味なのでバターなどの油分はなしで
ちょうどいいバランスです。

【材料（4人分）】

玉ねぎ（薄切り）… 1/2個（150g）
クリームコーン缶（粒入り）… 2缶（260g）
A｜顆粒コンソメ … 小さじ1
　｜塩、こしょう … 各少々
牛乳 … 500ml

【作り方】

コンテナに牛乳を入れ、玉ねぎ、クリームコーンの順に重ねて平らにし、Aをかける。ふたをして冷凍する。

ゆーママMEMO

コーンスープは、節約のためにクリームタイプとホールタイプのコーン缶のダブル使いはがまん。代わりに粒入りのクリームコーン缶を使って、さらに玉ねぎでかさ増しを。節約しつつ満足感がアップできますよ。

【食べるとき】

コンテナのふたを斜めにのせ、電子レンジ（600W）で10分ほど加熱して、全体を混ぜる。

SUNDAY

2週目・日曜日の献立

煮込み時間ゼロのカレーは
魚介のうまみが凝縮。
キャロットラペの甘酸っぱさとの
組み合わせでモリモリ食べられます。

シーフードカレー＆
キャロットラペ

MAIN DISH　1人分77円

シーフードカレー

甘口のちょっと懐かしいカレーです。ツナをオイルごと入れるのと、
ちょっとのバターでコクを出せば大人も大満足。

詰める順番

バター
いか
にんじん
ツナ
A
粉をまぶした玉ねぎ❶

【材料（4人分）】

ツナ缶（オイル漬け）… 小1缶（70g）
ロールいか（1cm幅、5cm長さの短冊切り）
　… 2本（400g）
玉ねぎ（薄切り）… 1個（300g）
にんじん（薄い半月切り）… 1/2本（75g）
小麦粉 … 大さじ1
A｜中濃ソース … 大さじ4
　｜トマトケチャップ … 大さじ3
　｜カレー粉 … 大さじ2〜3
　｜しょうゆ … 大さじ1
　｜おろしにんにく（チューブ）… 小さじ1
バター … 10g

【作り方】

❶ ポリ袋に玉ねぎ、小麦粉を入れて袋の口を閉じ、袋を
ふって粉をまぶす。

❷ コンテナに1を入れて平らにし、混ぜ合わせたAをか
け、ツナをオイルごと入れる。にんじん、いかの順
に重ねて平らにし、いちばん上の中央にバターをの
せる。ふたをして冷凍する。

【食べるとき】

❶ コンテナに水300mlを加え、ふたを斜めにのせて電
子レンジ（600W）で20分ほど加熱する。とろみがつ
くまで全体を混ぜる。

❷ 4つの器に温かいごはん4杯分を等分に盛り、1をか
ける。

SIDE DISH　1人分6円

キャロットラペ

はちみつの保湿効果で冷凍中の乾燥を防ぎます。
なるべく細く切ると、冷凍しても食感よくいただけます。

詰める順番

下味をつけたにんじん

【材料（4人分）】

にんじん（5cm長さのせん切り）… 1本（150g）
A｜酢、サラダ油、はちみつ … 各大さじ1
　｜塩 … 小さじ1/4
　｜こしょう … 少々

【作り方】

コンテナににんじん、Aを入れてからめる。ふたをして
冷凍する。

【食べるとき】

コンテナのふたを斜めにのせ、電子レンジ（600W）
で5〜7分ほど加熱して、全体を混ぜる。

ゆーママMEMO

にんじんは冷凍すると生の状態よ
りも特有の匂いが強く感じられま
す。水にさらしてから冷凍すると
気になりません。

＼ まとめ作りに便利！／

買い物＆切り方リスト

食費1週間分 >> 👛 **3,827** 円

・まとめ買いする物・	・使う料理と切り方・

肉・魚介・加工品

☐ 鶏むね肉 … 2枚（500g）	2枚（1cm厚さのそぎ切り）◉ 和風BBQソースチキン P.48
☐ 豚バラ薄切り肉 … 340g	12枚（240g）◉ 大根の豚バラ巻き P.50
	100g（5cm長さに切る）◉ 豚バラとたっぷり野菜のつけうどん P.60
☐ 豚ひき肉 … 100g	100g ◉ 韓国風甘辛厚揚げのそぼろ煮 P.58
☐ 合いびき肉 … 200g	200g ◉ やわらか煮込みハンバーグ P.52
☐ ベーコン（ハーフ）… 4枚	4枚（5mm幅に切る）◉ ベーコンチャウダー P.52
☐ ウインナーソーセージ … 8本	8本（5mm間隔に切り込みを入れる）
	◉ ソーセージときのこのチリビーンズ P.56
☐ タラの切り身 … 4切れ（240g）	4切れ（半分に切る）◉ タラと厚揚げのみぞれ煮 P.54

卵・乳製品・豆腐・大豆製品

☐ 卵 … 7個	2個 ◉ やわらか煮込みハンバーグ P.52
	1個 ◉ ホケミでオニオン蒸しパン P.56
	4個 ◉ 豚バラとたっぷり野菜のつけうどん P.60
☐ 牛乳 … 530ml	400ml ◉ ベーコンチャウダー P.52
	130ml ◉ ホケミでオニオン蒸しパン P.56
☐ 厚揚げ … 4枚	2枚（4等分の四角形に切る）◉ タラと厚揚げのみぞれ煮 P.54
	2枚（4等分の四角形に切る）
	◉ 韓国風甘辛厚揚げのそぼろ煮 P.58
☐ 大豆水煮 … 100g	100g ◉ ソーセージときのこのチリビーンズ P.56

・まとめ買いする物・	・使う料理と切り方・

野菜・加工品

☐ オクラ … 10本
8本（斜め半分に切る）❯トマトとオクラのマスタードあえ `P.48`
2本（小口切り）❯タラと厚揚げのみぞれ煮 `P.54`

☐ キャベツ … 1/2個
1/4個（5cm大に切る）❯うまだれキャベツ `P.50`
1/4個（3cm大に切る）❯ベーコンチャウダー `P.52`

☐ しめじ … 3パック
1パック（小房に分ける）❯やわらか煮込みハンバーグ `P.52`
1パック（小房に分ける）❯ひじきとしめじの和風マヨだれあえ `P.54`
1パック（小房に分ける）❯ソーセージときのこのチリビーンズ `P.56`

☐ 大根 … 1と2/3本
1/2本（2cm角、5cm長さの棒状12本に切る）❯大根の豚バラ巻き `P.50`
1/3本（すりおろす）❯タラと厚揚げのみぞれ煮 `P.54`
1/4本（2cm厚さのいちょう切り）❯大根の塩麻婆 `P.58`
1/2本（薄い半月切り）❯大根と塩昆布のパリパリ漬け `P.60`

☐ 玉ねぎ … 1と3/4個
1/2個（みじん切り）❯やわらか煮込みハンバーグ `P.52`
1/2個（薄切り）❯ベーコンチャウダー `P.52`
1/2個（みじん切り）❯ソーセージときのこのチリビーンズ `P.56`
1/4個（薄切り）❯ホケミでオニオン蒸しパン `P.56`

☐ 長ねぎ … 1本
1本（斜め切り）❯韓国風甘辛厚揚げのそぼろ煮 `P.58`
青い部分1本分（みじん切り）❯大根の塩麻婆 `P.58`
1本（1cm幅の斜め切り）❯豚バラとたっぷり野菜のつけうどん `P.60`

☐ ミニトマト … 8個
8個（爪楊枝で数か所穴をあける）
　❯トマトとオクラのマスタードあえ `P.48`

☐ ホールコーン缶 … 1缶（120g）
1缶 ❯ひじきとしめじの和風マヨだれあえ `P.54`

その他

☐ 塩昆布
10g ❯大根と塩昆布のパリパリ漬け `P.60`

☐ 芽ひじき
10g ❯ひじきとしめじの和風マヨだれあえ `P.54`

☐ バター
10g ❯やわらか煮込みハンバーグ `P.52`

☐ ホットケーキミックス … 1袋（150g）
150g ❯ホケミでオニオン蒸しパン `P.56`

人気の洋風おかずにしょうゆをプラス！
"ちょこっと味変"なら、
失敗なしで目先が変えられるのが◎。

和風BBQソースチキン＆
トマトとオクラのマスタードあえ

⚡ MAIN DISH 〔1人分98円〕

和風BBQソースチキン

下味にはちみつを入れることで甘みとコクが加わって、
淡泊なむね肉が食べごたえのある味わいに!

詰める順番

> 下味をつけた鶏肉

【材料（4人分）】

鶏むね肉（1cm厚さのそぎ切り）… 2枚（500g）

A｜しょうゆ、ウスターソース、
　　　トマトケチャップ、はちみつ … 各大さじ1
　｜カレー粉 … 大さじ1/2
　｜こしょう … 少々

【食べるとき】

❶ コンテナに水大さじ3を加え、ふたを斜めにのせて電
子レンジ（600W）で15〜17分ほど加熱し、全体を混
ぜる。

❷ 器に盛り、あればレタス適量を添える。

【作り方】

コンテナに鶏肉を入れて混ぜ合わせたAをからめる。ふ
たをして冷凍する。

ゆーママMEMO

鶏むね肉はそぎ切りにして繊維を断つ
と下味がよくしみ込み、短時間で火が
通るのでふっくらやわらかに。加熱後、
すぐにふたを取ると蒸気が逃げてパサ
ついてしまうので、少し落ち着くまで
ふたは取らないでくださいね。

⚡ SIDE DISH 〔1人分60円〕

トマトとオクラの
マスタードあえ

甘酸っぱいソースを合わせてデリ風に。ミニトマトからしみ出る
おいしいエキスが味に深みを出してくれます。

詰める順番

> オクラ
>
> A
>
> ミニトマト

【材料（4人分）】

ミニトマト（ヘタを取り、爪楊枝で数か所穴をあける）
　… 8個（80g）

オクラ（斜め半分に切る）… 8本（160g）

A｜粒マスタード … 大さじ1
　｜しょうゆ … 小さじ2
　｜レモン汁、はちみつ … 各小さじ1

【食べるとき】

コンテナのふたを斜めにのせ、電子レンジ（600W）
で4〜5分ほど加熱し、やさしく混ぜる。

【作り方】

コンテナにミニトマトを入れ、混ぜ合わせたAを
かけ、オクラをのせて平らにする。ふたをして冷
凍する。

ゆーママMEMO

ミニトマトは破裂防止のために、必ずヘ
タを取って皮に穴をあけてくださいね。

豚バラのコクとスパイスの風味が効いて、
ごはんにもおつまみにもぴったり。
まろやかな味わいのスープとのコントラストもgood。

大根の豚バラ巻き&うまだれキャベツ

豆乳みそスープ　P.78参照

✿ MAIN DISH 〔1人分118円〕

大根の豚バラ巻き

少ない肉を大根でかさ増し！　片栗粉で豚肉はしっとり、
味もよくからむ！　大根はうまみを吸って大満足のごちそうに。

詰める順番

A

豚肉巻き大根 ❶

【材料（4人分）】

豚バラ薄切り肉 … 12枚（240g）
大根（2cm角、5cm長さの棒状12本に切る）
　… 1/2本（500g）
片栗粉 … 大さじ1
A｜オイスターソース … 大さじ2
　｜酒、みりん … 各大さじ1

【食べるとき】

コンテナに水大さじ2を加え、ふたを斜めにのせ
て電子レンジ（600W）で11〜13分ほど加熱す
る。全体を混ぜる。

【作り方】

❶　大根1切れにつき豚肉1枚ずつで巻く。全体に片
栗粉をまぶす（豚肉巻き大根）。

❷　コンテナに1を並べて入れ、混ぜ合わせたAをか
ける。ふたをして冷凍する。

（ ゆーママMEMO ）

豚バラ肉は、その脂肪分が冷凍中の乾燥を防
いでくれます。さらに片栗粉をまぶしておく
と、うまみを閉じ込めてやわらかさがキープ
できます。さらに、大根は冷凍してから加熱
すると火の通りが早くなるので、太めに切っ
ても下ゆで不要でOK。

✿ SIDE DISH 〔1人分17円〕

うまだれキャベツ

香辛料と野菜の甘さが凝縮したウスターソースは、
加熱するとさらにうまみがアップ。キャベツの甘さを引き立てます。

詰める順番

キャベツ

A

【材料（4人分）】

キャベツ（5cm大に切る） … 1/4個（250g）
A｜ウスターソース … 大さじ2
　｜みりん … 大さじ1
　｜しょうゆ … 小さじ1
　｜おろしにんにく（チューブ） … 小さじ1/2

【食べるとき】

コンテナのふたを斜めにのせ、電子レンジ（600W）
で4〜5分ほど加熱し、汁気をきり、全体を混ぜる。

【作り方】

コンテナにAを入れて混ぜ、キャベツを加えて平らにす
る。ふたをして冷凍する。

（ ゆーママMEMO ）

「調味料が多めかな？」と思われそうで
すが、冷凍した野菜はレンチンすると
水気が多く出るのを計算しての分量に
なっています。レンチン後はコンテナ
を傾けて水気をきってから混ぜるとち
ょうどよい味つけになります。

不動の人気おかずで見ても食べても
節約感なし！濃厚なハンバーグソースと
ごはんにからめても最高です。

やわらか煮込みハンバーグ＆
ベーコンチャウダー

MAIN DISH 〔1人分120円〕

やわらか煮込みハンバーグ

ふわふわのハンバーグに濃厚ソースがからんで絶品!
コーヒーフレッシュでおしゃれに仕上げれば洋食屋さんの気分です。

詰める順番

```
┌─────────────── バター
│      B
│    肉だね ❶
│    しめじ
└─────────────
```

【材料(4人分)】

合いびき肉 … 200g
しめじ(小房に分ける) … 1パック(150g)
塩 … 少々
A │ 玉ねぎ(みじん切り) … 1/2個(150g)
　│ 卵 … 2個(110g)
　│ パン粉 … 大さじ3
B │ トマトケチャップ … 大さじ5
　│ 中濃ソース … 大さじ3
　│ みりん … 大さじ2
　│ おろしにんにく(チューブ) … 小さじ1/2
バター … 10g

【作り方】

❶ ポリ袋にひき肉、塩を入れ、袋の上から粘りが出るまで混ぜ、Aも加えて全体がなじむまでさらに混ぜる。4等分して直径7cmに丸める(肉だね)。

❷ コンテナにしめじを入れて平らにし、1を重ならないように並べてのせ、混ぜ合わせたBをかけ、いちばん上の中央にバターをのせる(◉)。ふたをして冷凍する。

【食べるとき】

❶ コンテナに水大さじ3を加え、ふたを斜めにのせて電子レンジ(600W)で25分ほど加熱する。やさしく混ぜる。

❷ 器に1を盛り、あればコーヒーフレッシュ適量をかけ、パセリ(みじん切り)適量を散らす。

{ **POINT** }

◉ 肉だねはまん丸に成形すると4個が1つのコンテナに入る。油分の多いものはマイクロ波が集中して焦げる原因となるので肉だねはきのこを敷いた上に、バターはいちばん上にのせる。

SIDE DISH 〔1人分55円〕

ベーコンチャウダー

野菜の甘みとうま味が溶け出てしっかりおいしい。
チャウダーだと子どもがたくさん野菜を食べてくれるのも◎。

詰める順番

```
┌─────────────
│    具材 ❶
│
│     牛乳
└─────────────
```

【材料(4人分)】

ベーコン(ハーフ・5mm幅に切る) … 4枚(36g)
玉ねぎ(薄切り) … 1/2個(150g)
キャベツ(3cm大に切る) … 1/4個(250g)
A │ 片栗粉 … 大さじ2
　│ 顆粒コンソメ … 小さじ1
　│ 塩、こしょう … 各少々
牛乳 … 400ml

【作り方】

❶ ポリ袋にベーコン、玉ねぎ、キャベツ、Aを入れて口を閉じ、袋をふってAをまぶす(具材)。

❷ コンテナに牛乳を入れ、1を加えて平らにする。ふたをして冷凍する。

ゆーママMEMO

冷凍中に素材の繊維が壊れることで、うまみとコクがしっかり溶け出て生クリーム、バターなしでも大満足の味わいになりますよ。

【食べるとき】

コンテナに水200mlを加え、ふたをしないで電子レンジ(600W)で12〜14分ほど加熱する。アクが出ている場合は取り除き、とろみがつくまで全体を混ぜる。

THURSDAY

3週目・木曜日の献立

さっぱりとしみじみおいしいみぞれ煮に、
マヨだれのコクを生かしたあえ物が好相性!

タラと厚揚げのみぞれ煮＆
ひじきとしめじの和風マヨだれあえ

MAIN DISH 1人分176円

タラと厚揚げのみぞれ煮

淡泊なタラと厚揚げに白だしがしっかりしみて、
さっぱりなのに食べごたえのあるおかずに大変身。

詰める順番

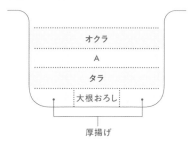

オクラ / A / タラ / 大根おろし / 厚揚げ

【材料(4人分)】

タラの切り身(半分に切る) … 4切れ(240g)
厚揚げ(4等分の四角形に切る) … 2枚(250g)
オクラ(小口切り) … 2本(20g)
大根おろし(軽く汁気をきる) … 1/3本分(100g)
A｜白だし … 大さじ3
　｜みりん … 大さじ1

【食べるとき】

コンテナのふたを斜めにのせ、電子レンジ
(600W)で16〜18分ほど加熱する。全体を
やさしく混ぜる。

【作り方】

コンテナに厚揚げを中心をあけて並べ、あけた部分
に大根おろしを入れる(ⓐ)。厚揚げと大根おろしの
上にタラを並べてのせ、混ぜ合わせたAをかけ、い
ちばん上にオクラをのせて平らにする。ふたをして
冷凍する。

{ POINT }

ⓐ タラは大根おろしの上にのせると、レン
ジ加熱中に大根おろしの水分で蒸されるよう
になり、パサつかずしっとり仕上がる。大根
おろしは厚揚げで囲むようにしてかたまりで
入れておくと、盛りつけがしやすく、加熱時
間も短縮できる。

SIDE DISH 1人分60円

ひじきとしめじの
和風マヨだれあえ

ひじきに甘いコーンと合わせて食べやすく。
サラダ感覚なだしベースのマヨだれ味が決め手です。

詰める順番

マヨネーズ / しめじ / ホールコーン / 芽ひじき / A

【材料(4人分)】

芽ひじき(さっと洗って水気をきる) … 10g
しめじ(小房に分ける) … 1パック(150g)
ホールコーン缶(汁気をきる) … 1缶(120g)
A｜めんつゆ(2倍濃縮) … 大さじ2
　｜白すりごま … 大さじ1
マヨネーズ … 大さじ2

【食べるとき】

コンテナのふたを斜めにのせ、電子レンジ(600W)で6
分ほど加熱し、全体を混ぜる。

【作り方】

コンテナにAを入れ、芽ひじきを入れて平らにし、ホールコー
ン、しめじの順に重ねてを平らにし、いちばん上の中央に
マヨネーズをのせる。ふたをして冷凍する。

ゆーママMEMO

ひじきは凍るまでの間に洗ったときの水気を
吸って自然に戻るので、水戻しする必要はあ
りません。少し食感を残すことでサラダ感覚
になり、おいしいですよ。マヨネーズはコン
テナのいちばん上の中央にこんもりのせてお
くと、加熱してもクリーミーさが楽しめます。

3 rd WEEK

できたての蒸しパンにテンションアップ！
チリビーンズをのせながら
食べるのもおすすめです。

ソーセージときのこの
チリビーンズ＆
ホケミでオニオン蒸しパン

MAIN DISH 〔1人分121円〕

ソーセージときのこの
チリビーンズ

辛みが効いたピリ辛おかず。ソーセージのうまみがからんだ
大豆としめじが、かさ増し要員とは思えないおいしさ!

詰める順番

A
ソーセージ
しめじ
大豆
玉ねぎ

【材料（4人分）】

ウインナーソーセージ
　　（5㎜間隔に切り込みを入れる）… 8本（160g）
大豆水煮（汁気をきる）… 100g
しめじ（小房に分ける）… 1パック（150g）
玉ねぎ（みじん切り）… 1/2個（150g）
A ｜ トマトケチャップ … 大さじ5
　　｜ 顆粒コンソメ、一味唐辛子 … 各小さじ1

【食べるとき】

コンテナに水大さじ3を加え、ふたを斜めにのせて電子レンジ（600W）で18分ほど加熱し、全体を混ぜる。

【作り方】

コンテナに玉ねぎ、大豆、しめじの順に重ねて入れて平らにし、上にソーセージを並べ、混ぜ合わせたAをかける。ふたをして冷凍する。

(ゆーママMEMO)

ソーセージは破裂防止のために必ず切り込みを多めに入れてくださいね。うまみが出やすくなって味わいが増し、おしゃれ感もアップできますよ。

SIDE DISH 〔1人分26円〕

ホケミでオニオン蒸しパン

ケチャップと玉ねぎで、子どもが喜ぶピザ風に仕上げます。
卵と牛乳入りで、おなかいっぱいになりますよ。

詰める順番

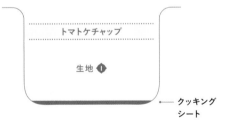

トマトケチャップ
生地 ❶

← クッキングシート

【材料（4人分）】

ホットケーキミックス … 150g
玉ねぎ（薄切り）… 1/4個（75g）
A ｜ 卵 … 1個（55g）
　　｜ 牛乳 … 130ml
　　｜ マヨネーズ … 大さじ1
トマトケチャップ … 大さじ2

【作り方】

❶ ボウルにホットケーキミックス、Aを入れて泡立て器で粉っぽさがなくなるまで混ぜ、玉ねぎを加えてざっと混ぜる（生地）。

❷ コンテナの底にクッキングシートを敷き、1を流し入れ、平らにする。トマトケチャップをかけ、マーブル状になるようにスプーンで混ぜる。ふたをして冷凍する。

【食べるとき】

❶ コンテナのふたを斜めにのせ、電子レンジ（600W）で9分ほど加熱する。蒸気が落ち着くまでふたをしておく。

❷ ふたを外し、コンテナをさかさまにして取り出し、食べやすい大きさに切る。

(ゆーママMEMO)

マヨネーズ入りの生地なのでふっくら、しっとり仕上がる配合です。ただし加熱後、すぐにふたを外すと蒸気が逃げてパサついてしまいます。蒸気が少し収まるまで待って、生地に適度な水分を含ませるといいですよ。

3週目・土曜日の献立

こってり甘辛の厚揚げと塩ベースの麻婆の
さっぱり感で、飽きることなく食べられます。

韓国風甘辛厚揚げのそぼろ煮&
大根の塩麻婆

MAIN DISH 1人分67円

韓国風甘辛厚揚げの
そぼろ煮

詰める順番

下味をつけたひき肉 ❶
長ねぎ
厚揚げ

冷凍してすが入った厚揚げは、お肉っぽい食感になって味もしみしみ。
甘じょっぱいコチュジャンが本格的な味わいです。

【材料(4人分)】

厚揚げ(4等分の四角形に切る)… 2枚(250g)
豚ひき肉 … 100g
長ねぎ(斜め切り)… 1本(100g)
A｜みりん、コチュジャン … 各大さじ1
　｜しょうゆ … 小さじ2
　｜おろししょうが(チューブ)… 小さじ1/2

【作り方】

❶ ポリ袋にAを入れて袋の上からよくもんで混ぜる。ひき肉を加え、全体がなじむまでやさしくもむ。

❷ コンテナに厚揚げを並べて入れ、長ねぎをのせて平らにする。いちばん上に❶のひき肉をのせ、平らにする。ふたをして冷凍する。

【食べるとき】

コンテナに水大さじ3を加え、ふたを斜めにのせて電子レンジ(600W)で15分ほど加熱する。全体をやさしく混ぜる。

〈 ゆーママMEMO 〉

加熱後にうまくそぼろ状にするために、こねないように注意して。やさしくもんで調味料が行き渡ればOK。

SIDE DISH 1人分18円

大根の塩麻婆

詰める順番

A
粉をまぶした大根 ❶

香味野菜と鶏ガラスープのしっかり味で、大根がごはんどろぼうに大変身。長ねぎは青い部分を無駄なく使います。

【材料(4人分)】

大根(2cm厚さのいちょう切り)… 1/4本(250g)
片栗粉 … 大さじ1
A｜長ねぎの青い部分(みじん切り)…1本分(20g)
　｜顆粒鶏ガラスープ、ごま油 … 各大さじ1
　｜豆板醤 … 小さじ1
　｜おろしにんにく、おろししょうが(各チューブ)
　｜　… 各小さじ1/2
　｜塩 … 少々

【作り方】

❶ ポリ袋に大根、片栗粉を入れて袋の口を閉じ、袋をふって粉をまぶす。

❷ コンテナに❶を入れて平らにし、Aをかける。ふたをして冷凍する。

〈 ゆーママMEMO 〉

大根は冷凍すると繊維が壊れてやわらかくなるので、コロコロに切っても食感よくいただけます。

【食べるとき】

コンテナに水100mlを注ぎ、ふたを斜めにのせて電子レンジ(600W)で12分ほど加熱する。全体を混ぜる。

うどんをつるつる、大根パリパリの
無限ループ献立です。うどんメニューは
節約しやすく、休日の解放感も味わえます。

豚バラとたっぷり野菜のつけうどん＆
大根と塩昆布のパリパリ漬け

MAIN DISH 〔1人分64円〕

豚バラとたっぷり野菜の
つけうどん

詰める順番

卵
↓
長ねぎ

下味をつけた豚肉 ❶

ガツンと濃いめのみそ味は、鶏ガラベースで
コクうまに仕上げます。卵入りでボリューム満点。

【 材料（4人分） 】

豚バラ薄切り肉（5cm長さに切る）… 100g
卵 … 4個（220g）
長ねぎ（1cm幅の斜め切り）… 1本（100g）
A　白すりごま、ごま油、みそ … 各大さじ2
　　しょうゆ、みりん … 各大さじ1
　　顆粒鶏ガラスープ … 大さじ1/2
　　おろしにんにく（チューブ）… 小さじ1

【 作り方 】

❶ コンテナに豚肉、混ぜ合わせたAを入れてからめる。
❷ 平らにして長ねぎをのせる。中央の長ねぎをどけて
　 卵を割り入れ、長ねぎで土手を作って固定し、卵黄
　 に爪楊枝で数か所穴をあける。ふたをして冷凍する。

【 食べるとき 】

❶ 冷凍うどん4玉は袋の表示通り解凍し、器に盛る。
❷ コンテナに水200mlを加え、ふたを斜めにのせて電子レンジ（600W）
　 で12〜13分ほど加熱する。卵を取り出してから、全体を混ぜる。
❸ 別の器に2と取り出した卵を盛り、1を添える。

ゆーママMEMO

卵と同時に火を通すために、肉と野
菜は火の通りやすいものを選ぶのが
ポイントです。破裂防止のために卵
黄には爪楊枝で必ず穴をあけてくだ
さいね。

SIDE DISH 〔1人分35円〕

大根と塩昆布の
パリパリ漬け

詰める順番

塩昆布

大根

塩昆布をのせて冷凍しておくだけで、歯ざわり抜群の
サブおかずができ上がります。食べだしたら止まりません。

【 材料（4人分） 】

大根（薄い半月切り）… 1/2本（500g）
塩昆布 … 10g

【 作り方 】

コンテナに大根を入れて平らにし、いちばん上に塩
昆布を広げてのせる。ふたをして冷凍する。

【 食べるとき 】

コンテナのふたを斜めにのせ、電子レンジ（600W）
で7分ほど加熱する。ラップをのせて上から手で押
さえてしっかり水気をきり、全体を混ぜる。

POINT

大根から水分が出て味が薄まるので、塩味は強め
につけるのがコツ。加熱後は水気をよくきると味
がぼやけない。冷凍した大根は少し加熱するだけ
で水分が出るので、塩もみしたようなパリパリに。

＼ まとめ作りに便利！／

買い物&切り方リスト

食費1週間分 >> 💰 **3,661**円

・まとめ買いする物・	・使う料理と切り方・
肉・魚介・加工品	
☐ 鶏むね肉…1枚（500g）	1枚（ひと口大に切る）◉ 鶏肉となすのさっぱり煮 P.64
☐ 豚バラ薄切り肉…250g	250g ◉ 豚バラ白菜 P.74
☐ 豚ロース肉（トンカツ用）…4枚	4枚 ◉ トンテキガーリックバター P.66
☐ 豚ひき肉…150g	150g ◉ なすとひき肉のはさみ蒸し P.68
☐ 合いびき肉…100g	100g ◉ キンパ風混ぜごはん P.76
☐ サバ水煮缶…1缶（190g）	1缶（身を半分に割る）◉ サバ缶のしょうがみそ煮 P.70
卵・乳製品・豆腐	
☐ 卵…6個	1個 ◉ なすとひき肉のはさみ蒸し P.68 5個 ◉ 豆腐だし巻き卵 P.70
☐ 絹ごし豆腐…1と1/2丁	1丁 ◉ なすとひき肉のはさみ蒸し P.68 1/2丁 ◉ 豆腐だし巻き卵 P.70
練り製品	
☐ ちくわ…4本	4本（斜め薄切り）◉ さつまいもとちくわの甘辛ごまあえ P.72
☐ はんぺん…2枚	2枚 ◉ はんぺん団子のふわふわ和風あんかけ P.72

野菜

☐ さやいんげん … 10本
6本（4cm長さに切る）▶ トンテキガーリックバター `P.66`
4本（長さを半分に切る）▶ さつまいもとちくわの甘辛ごまあえ `P.72`

☐ さつまいも … 2本
1本（小さめのひと口大に切る）
　▶ さつまいもとちくわの甘辛ごまあえ `P.72`
1本（6cm長さの細切り）▶ さつまいものバターしょうゆきんぴら `P.74`

☐ キャベツ … 大1/2個
大1/4個（5cm大に切る）▶ キャベツのキムチめんつゆ蒸し `P.68`
大1/4個（5cm大に切る）▶ サバ缶のしょうがみそ煮 `P.70`

☐ しょうが … 1かけ
1かけ（細切り）▶ サバ缶のしょうがみそ煮 `P.70`

☐ 大根 … 1/2本
1/2本（細切り）▶ もちもち大根もち `P.76`

☐ 長ねぎ … 1/2本
1/2本（みじん切り）▶ はんぺん団子のふわふわ和風あんかけ `P.72`

☐ なす … 5本
3本（ひと口大に切る）▶ 鶏肉となすのさっぱり煮 `P.64`
2本（7mm厚さの輪切り）▶ なすとひき肉のはさみ蒸し `P.68`

☐ にら … 1束
1束（5cm長さに切る）▶ キンパ風混ぜごはん `P.76`

☐ にんじん … 1本
1本（長さを半分に切り、細切り）▶ キンパ風混ぜごはん `P.76`

☐ にんにく … 2かけ
2かけ（薄切り）▶ トンテキガーリック `P.66`

☐ 白菜 … 大1/4株
1/4株 ▶ 豚バラ白菜 `P.74`

☐ もやし … 2袋
2袋 ▶ もやしののりナムル `P.64`

☐ レタス … 1個
1個（芯をつけたまま4等分のくし形切り）
　▶ レタスのペッパーソース `P.66`

その他

☐ ごまたくあん
50g ▶ キンパ風混ぜごはん `P.76`

☐ 白菜キムチ（ミニタイプ）… 50g
50g ▶ キャベツのキムチめんつゆ蒸し `P.68`

☐ 白菜キムチ（普通タイプ）… 100g
100g ▶ キンパ風混ぜごはん `P.76`

☐ バター
10g ▶ トンテキガーリックバター `P.66`
10g ▶ さつまいものバターしょうゆきんぴら `P.74`

☐ 焼きのり
全形1枚（大きくちぎる）▶ もやしののりナムル `P.66`

4th WEEK

鶏肉は4人で1枚と少なめでも、
コロコロに切ったなすの
存在感とジューシーさ、
香り豊かなナムルでおなかも大満足。

鶏肉となすの
さっぱり煮＆
もやしののりナムル

☆ MAIN DISH ｜1人分93円

鶏肉となすのさっぱり煮

ポン酢しょうゆのまろやかな酸味で、ほっとする味わい。
鶏もも肉のおいしいエキスを吸ったなすにもよく味がしみています。

詰める順番

ごま油をからめたなす ❶
下味をつけた鶏肉 ❷

【材料（4人分）】

鶏もも肉（ひと口大に切る）… 1枚（250g）
なす（ひと口大に切る）… 3本（300g）
A｜ポン酢しょうゆ … 大さじ3
　｜みりん … 大さじ1
　｜おろししょうが（チューブ）… 小さじ1
ごま油 … 大さじ2

【作り方】

❶ なすはごま油をからめる。
❷ コンテナに鶏肉を入れて混ぜ合わせたAをからめる。
❸ 1をのせて平らにする。ふたをして冷凍する。

【食べるとき】

❶ コンテナのふたを斜めにのせ、電子レンジ（600W）で10〜12分ほど加熱する。全体を混ぜる。
❷ 器に盛り、あれば青じそ（せん切り）適量をのせる。

(ゆーママMEMO)

なすは冷凍すると身がキュッとしまってしまいますが、オイルをからめておけばやわらかさが保てます。コーティング効果で、色落ちも少し防げますよ。

☆ SIDE DISH ｜1人分15円

もやしののりナムル

シャキシャキの歯ざわりに驚くはず！
のりの風味でいつものナムルを味変すると、
目先が変わって家族のウケもバッチリです。

詰める順番

A ← のり
もやし

【材料（4人分）】

もやし … 2袋（400g）
焼きのり（大きくちぎる）… 全形1枚（3g）
A｜顆粒鶏ガラスープ、ごま油 … 各大さじ1
　｜おろしにんにく（チューブ）… 小さじ1/2

【作り方】

コンテナにもやしを入れて平らにし、表面全体に焼きのりをのせる。いちばん上の中央にAをのせる（ⓐ）。ふたをして冷凍する。

【食べるとき】

コンテナのふたを斜めにのせ、電子レンジ（600W）で10〜12分ほど加熱する。水気をしっかりきり（ⓑ）、全体を混ぜる。

{ POINT }

ⓐ 調味料はのりの上にのせておくと、加熱後にもやしから水気が出ても溶けずにすむ。中央にまとめてのせておくと、水気をきるときに便利。
ⓑ 加熱後は、ふたを斜めにしてしっかり水気をきってから全体を混ぜると味がぼやけない。

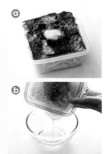

TUESDAY

4週目・火曜日の献立

厚切りトンテキに見た目も楽しめる
シンプルサラダで、レストラン風に決めています。
主食はごはんでもパンでもお好みで！

トンテキガーリックバター＆
レタスのペッパーソース

MAIN DISH `1人分193円`

トンテキガーリックバター

豚肉を叩いて伸ばしてビッグサイズに!
まろやかさとスパイシーさが調和したソースはが食欲を刺激します。

詰める順番

バター

さやいんげん

にんにく

下味をつけた豚肉 ❷

【 材料（4人分）】

豚ロース肉（トンカツ用）… 4枚（400g）
さやいんげん（4cm長さに切る）… 6本（30g）
にんにく（薄切り）… 2かけ
A│ウスターソース、トマトケチャップ
　│　… 各大さじ2
バター … 10g

【 食べるとき 】

コンテナに水大さじ2を加え、ふたを斜めにの
せて電子レンジ（600W）で10〜12分ほど加熱す
る。全体を混ぜる。

【 作り方 】

❶ ポリ袋に豚肉を入れ、袋の上からめん棒で1.5倍
の大きさに広がるまで叩く。

❷ コンテナに1、Aを入れてからめ、並べる。

❸ にんにく、さやいんげんの順に重ねて平らにし、
いちばん上の中央にバターをのせる。ふたをし
て冷凍する。

> **ゆーママ MEMO**
>
> 豚肉は叩くことで繊維が壊れ、加熱
> で身が縮むのが防げます。ソースは
> 加熱後にバターを乳化させるように
> よく混ぜると、まろやかさが増しま
> すよ。

SIDE DISH `1人分24円`

レタスのペッパーソース

レタスのみずみずしさは冷凍したとは思えない感動もの。
芯をつけたままかさをキープするのが
ボリュームアップのポイントです。

詰める順番

A

レタス

【 材料（4人分）】

レタス（芯をつけたまま4等分のくし形切り）
　　… 1個（250g）
A│オリーブオイル … 大さじ3
　│粗びき黒こしょう … 小さじ1
　│顆粒コンソメ … 小さじ1/2

【 作り方 】

コンテナにレタスを切り口を下にして入れ、Aをか
ける。ふたをして冷凍する。

【 食べるとき 】

❶ コンテナに水大さじ1を加え、ふたを斜めにのせ、電子レンジ（600W）で3〜4分ほど加熱する。

❷ 器に1のレタスを盛り、コンテナに残ったソースをよく混ぜてかける。好みで粗びき黒こしょう適量をふる。

はさみ蒸しはややさっぱり系。
キムチを使ったサブおかずで
ごはんがすすむバランスに！

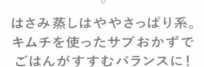

なすとひき肉の
はさみ蒸し＆
キャベツの
キムチめんつゆ蒸し

MAIN DISH 〔1人分77円〕

なすとひき肉のはさみ蒸し

豆腐をたっぷり加えたふんわり肉だねとなすのジューシーさが
口いっぱいに広がります。分厚い見た目もごちそうのうち!

詰める順番

```
B
なすサンド ③
```

【 材料（4人分）】

豚ひき肉 … 150g
なす（7mm厚さ、24枚の輪切り）
　　… 2本（200g）
A｜絹ごし豆腐 … 1丁（300g）
　｜卵 … 1個（55g）
片栗粉 … 大さじ1
B｜しょうゆ … 大さじ3
　｜砂糖、みりん … 各大さじ1
　｜顆粒和風だし … 小さじ1/4

【 作り方 】

① ポリ袋になす、片栗粉を入れ、袋の口を閉じ、袋をふって粉をまぶす。

② 別のポリ袋にひき肉を入れ、袋の上から粘りが出るまでこね、Aを加えて全体がなじむまでさらにこねる。12等分し、丸める。

③ 1のなす2枚で2の肉団子を1個ずつはさむ（なすサンド）。

④ コンテナに立てて並べ入れ（ⓐ）、混ぜ合わせたBをかける。ふたをして冷凍する。

【 食べるとき 】

① コンテナのふたを斜めにのせて電子レンジ（600W）で10分ほど加熱する。

② 器に1のなすサンドを盛り、残った汁をかけ、細ねぎ（小口切り）適量を散らす。

{ POINT }

ⓐ 肉だねがやわらかいので、分厚さをキープするために立てて並べる。

SIDE DISH 〔1人分28円〕

キャベツのキムチ
めんつゆ蒸し

めんつゆの風味で、キムチがマイルドに。
キャベツの外葉を使うと、緑が冴えて食卓映えがよくなります。

詰める順番

```
めんつゆ
白菜キムチ
キャベツ
```

【 材料（4人分）】

キャベツ（5cm大に切る）… 1/4個（250g）
白菜キムチ（ミニタイプ）… 50g
めんつゆ（2倍濃縮）… 大さじ3

【 作り方 】

コンテナにキャベツ、白菜キムチの順に重ねて入れて平らにし、めんつゆをかける。ふたをして冷凍する。

【 食べるとき 】

コンテナのふたを斜めにのせ、電子レンジ（600W）で5分ほど加熱する。全体を混ぜる。

しみじみおいしい和風献立。
だし巻き卵は豆腐がたっぷり入っていて、
満腹感もしっかりありますよ。

サバ缶のしょうがみそ煮&
豆腐だし巻き卵

ねぎと油揚げのみそ汁　P.78参照

MAIN DISH 〔1人分34円〕

サバ缶のしょうがみそ煮

サバと相性のいいみそ味にしょうがを効かせて満足度をアップ。
レンジ加熱で甘さが凝縮したキャベツも絶品!

詰める順番

A
しょうが
サバ水煮
キャベツ

【材料(4人分)】

サバ水煮缶(身を半分に割る)…1缶(190g)
キャベツ(5cm大に切る)…1/4個(250g)
しょうが(細切り)…1かけ(15g)

A │ しょうゆ、酒、みそ … 各大さじ1
　 │ 砂糖 … 大さじ1/2

【作り方】

コンテナにキャベツを入れて平らにし、サバ水煮を
好みで中骨を除いて身をのせ、缶汁も入れる。上に
しょうがを散らし、混ぜ合わせたAをかける。ふた
をして冷凍する。

【食べるとき】

コンテナのふたを斜めにのせ、電子レンジ(600W)
で7〜8分ほど加熱する。全体をやさしく混ぜる。

ゆーママMEMO

サバ缶の缶汁はうまみと栄養が詰まっ
ているので、だし代わりに使います。
身を半分に割って中骨を除いておくと
お子さまにも食べやすいですよ。

SIDE DISH 〔1人分42円〕

豆腐だし巻き卵

口に入れるとだしがしみ出てたまらないおいしさ。
巻く手間がいらないので、
卵焼きが苦手な方でも失敗がありません。

詰める順番

卵液❶

【材料(4人分)】

卵 … 5個(275g)
絹ごし豆腐 … 1/2丁(150g)

A │ めんつゆ(2倍濃縮) … 大さじ2
　 │ 酒 … 大さじ1
　 │ 片栗粉 … 小さじ1
　 │ 水 … 大さじ4

【作り方】

コンテナに豆腐を入れてフォークでつぶし、Aを加えて混
ぜる。卵を割り入れて全体をよく混ぜ、平らにする(卵液)。
ふたをして冷凍する。

【食べるとき】

コンテナのふたを斜めにのせ、電子レンジ(600W)で6
〜7分ほど加熱する。蒸気が落ち着くまでふたをしてお
く。コンテナをさかさまにして取り出し、8等分に切る。

ゆーママMEMO

ジューシーに仕上げるために水分が多め
の配合です。豆腐と片栗粉を加えて、レ
ンジ加熱してもかたくならないようにす
るのがコツ。加熱後にふたをして蒸らす
とパサつかずにしっとり仕上がります。

FRIDAY

4週目・金曜日の献立

メインもサブも
たんぱく質は練り物で節約。
ほっくり、むっちり、ふわふわと
いろいろな食感を組み合わせて
飽きさせません。

さつまいもとちくわの
甘辛ごまあえ&
はんぺん団子の
ふわふわ和風あんかけ

MAIN DISH ｜1人分49円

さつまいもとちくわの甘辛ごまあえ

詰める順番

A
さやいんげん
ちくわ
さつまいも

← ペーパータオル

さつまいもとちくわのやさしい甘さを生かして、
子どもが喜ぶ一品に。バッチリおなかいっぱいになりますよ。

【材料（4人分）】

ちくわ（斜め薄切り）… 4本（80g）
さつまいも（小さめのひと口大に切る）… 1本（300g）
さやいんげん（長さを半分に切る）… 4本（20g）
A｜砂糖、しょうゆ … 各大さじ2
　｜白いりごま … 大さじ1
　｜ごま油 … 大さじ1/2
　｜顆粒和風だし … 少々

【食べるとき】

コンテナに水大さじ3を加え、ふたを斜めにのせて電子レンジ（600W）で12分ほど加熱する。蒸気が落ち着くまでふたをしておき、ペーパータオルを取り除いて全体をやさしく混ぜる。

【作り方】

コンテナにさつまいもを入れて平らにし、ちくわ、さやいんげんの順に重ねて入れて平らにする。ペーパータオルをかぶせ、その上から混ぜ合わせたAをかける。ふたをして冷凍する。

(ゆーママMEMO)

容器の底の具材だけ味が濃くなるのを防ぐため、ペーパータオルをかぶせてから合わせ調味料を回しかけます。加熱後に混ぜる際は、コンテナを傾けながら回して調味料をからめると、さつまいもがくずれずにすみますよ。

SIDE DISH ｜1人分58円

はんぺん団子のふわふわ和風あんかけ

詰める順番

はんぺん団子 ❶

B

中心のあいている部分に

はんぺん団子 ❶

はんぺんと白だしが調和した上品な味わいのあんかけです。
はんぺん団子は汁物のたねにも使えますよ。

【材料（4人分）】

はんぺん … 2枚（200g）
A｜長ねぎ（みじん切り）… 1/2本（50g）
　｜片栗粉 … 大さじ3
　｜水 … 小さじ2
片栗粉 … 大さじ1
B｜白だし … 大さじ1
　｜ゆずこしょう（チューブ・好みで）… 小さじ1/2

【食べるとき】

コンテナに水150mlを注ぎ、ふたを斜めにのせて電子レンジ（600W）で6〜7分ほど加熱する。全体をやさしく混ぜる（◎）。

【作り方】

❶ ポリ袋にはんぺんをちぎって入れ、袋の上からもんでつぶし、Aを加えてなじむまでさらにもむ。16等分に丸め、片栗粉をまぶす（はんぺん団子）。

❷ コンテナに1の半量を中心をあけて並べ、その上に残りを同様に並べる。中心のあいている部分にBを入れる。ふたをして冷凍する。

(ゆーママMEMO)

◎ とろみづけ用の片栗粉は、はんぺん団子にまぶして容器の底に沈むのを防ぎます。加熱後に混ぜるととろみがつくので、団子をくずさないようにコンテナを傾けて混ぜてくださいね。

SATURDAY

4週目・土曜日の献立

あっさりコクうまの豚バラ白菜には、
子どもが喜ぶ甘くてまろやかな
バター風味のきんぴらがよく合います。

豚バラ白菜&
さつまいものバターしょうゆきんぴら

☘ MAIN DISH 〔1人分120円〕

豚バラ白菜

大人気の鍋料理を冷凍&レンチンで再現!
繊維が壊れた白菜はとろとろ、レンジ加熱で甘さはマックス。
絶対、はまるおいしさです。

詰める順番

A
豚バラ白菜 ❶

【 材料（4人分）】

豚バラ薄切り肉 … 250g
白菜 … 大1/4株（500g）
A｜酒 … 大さじ3
　｜顆粒和風だし … 小さじ1

【 食べるとき 】

❶ コンテナのふたを斜めにのせ、電子レンジ（600W）で13〜15分ほど加熱する。全体をやさしく混ぜる。
❷ 器に盛り、ポン酢しょうゆ適量を添える。

【 作り方 】

❶ 白菜は芯をつけたまままな板に置き、豚肉を1枚ずつ広げて葉の間にまんべんなくはさむ。コンテナの深さに合わせて切る（豚バラ白菜）。
❷ コンテナに1を切り口を上にしてぎゅうぎゅうに詰め（ⓐ、ⓑ）、混ぜ合わせたAをかける。ふたをして冷凍する。

{ P O I N T }

ⓐ 手ですきまを作りながらぎゅうぎゅう詰めにする。
ⓑ 詰め終わった状態。ぎゅうぎゅうに詰め込んでおくと、加熱後に形が崩れずに取り出せる。

☘ SIDE DISH 〔1人分29円〕

さつまいものバターしょうゆきんぴら

さつまいも1本使い切り! ごはんとの相性も◎。

詰める順番

A
バター → さつまいも ← ペーパータオル

【 材料（4人分）】

さつまいも（6cm長さの細切り）… 1本（300g）
A｜しょうゆ … 大さじ3
　｜はちみつ … 大さじ2
バター … 10g

【 食べるとき 】

❶ コンテナに水大さじ3を加え、ふたを斜めにのせて電子レンジ（600W）で12分ほど加熱する。蒸気が落ち着くまでふたをしておき、ペーパータオルを取り除いて全体をやさしく混ぜる。
❷ 器に1を盛り、黒いりごま適量をふる。

【 作り方 】

コンテナにさつまいもを入れて平らにし、中央にバターをのせる。ペーパータオルをかぶせ、混ぜ合わせたAをかける。ふたをして冷凍する。

(ゆーママMEMO)

さつまいもにまんべんなく味を行き渡らせるために、落しぶたの代わりにペーパータオルをかぶせておきます。

甘じょっぱさでおかわりの声続出の
やみつきごはんと大根もち。
メイン級のおかず2品は
食べ盛りさんも納得のボリュームです。

キンパ風混ぜごはん＆
もちもち大根もち

☘ MAIN DISH 〔1人分137円〕

キンパ風混ぜごはん

レンジで一発、巻く手間いらずのキンパです。
焼肉のたれとコチュジャンを使えば、手軽に本格味が楽しめます。

詰める順番

ごまたくあん	白菜キムチ
にら	
にんじん	
下味をつけたひき肉 ❶	

【材料（4人分）】

合いびき肉 … 100g
にんじん（長さを半分に切り、細切り）… 1本（150g）
にら（5cm長さ）… 1束（100g）
白菜キムチ（普通タイプ）… 100g
ごまたくあん … 50g
A ｜ 焼肉のたれ（辛口）… 大さじ2
　 ｜ ごま油、コチュジャン … 各大さじ1

【作り方】

❶ コンテナにA、ひき肉を入れて混ぜる。
❷ にんじん（ⓐ）、にらの順に重ねて平らにし、いちばん上にごまたくあんと白菜キムチを混ざらないように分けてのせる（ⓑ）。ふたをして冷凍する。

【食べるとき】

❶ コンテナのふたを斜めにのせ、電子レンジ（600W）で10～12分ほど加熱する。汁気をしっかりきり、温かいごはん茶わん大盛り4杯分と混ぜる。
❷ 器に盛り、あればちぎった焼きのり、白いりごま各適量を散らす。

{ P O I N T }

ⓐ にんじんは味がしみ込みにくいので、合わせ調味料につかるように入れる。
ⓑ たくあんとキムチは色が移らないように左右に分けてのせる。

☘ SIDE DISH 〔1人分25円〕

もちもち大根もち

もちもちでつるつるの食感がクセになる！
コチュジャンはまだらに混ぜてアクセントに。

詰める順番

下味をつけた大根 ❶

【材料（4人分）】

大根（細切り）… 1/2本（500g）
片栗粉 … 大さじ2
A ｜ ごま油 … 大さじ1
　 ｜ 顆粒鶏ガラスープ、コチュジャン … 各小さじ1

【作り方】

❶ ポリ袋に大根、片栗粉を入れて袋の口を閉じ、袋をふって粉をまぶす。Aを加え、袋の上からもんでざっとなじませる。
❷ コンテナに1をぎゅうぎゅうに押し込んで平らにする。ふたをして冷凍する。

【食べるとき】

❶ コンテナに水大さじ2を回しかけ、ふたを斜めにのせて電子レンジ（600W）で7～8分ほど加熱する。蒸気が落ち着くまでふたをしておく。
❷ コンテナをさかさまにして取り出し、8等分に切る。
❸ 器に盛り、あれば細ねぎ（斜め薄切り）適量をのせる。

(ゆーママMEMO)

コンテナに流し入れてそのまま加熱するだけ。家庭で手軽に作れるようにアレンジしたレシピです。

あと1品に助かる！
冷凍スープ玉

具と調味料をラップに包んで冷凍するだけ。
レンチン一撃で、具だくさんの
アツアツスープが楽しめます。

SOUP・1・

お好みのみそでアレンジOK！
油揚げの赤だし

【材料（1個分）】
油揚げ（細切り）… 1/8枚（7g）
細ねぎ（小口切り）… 大さじ1
A 赤みそまたは好みのみそ … 大さじ1
　 顆粒和風だし … 少々

【作り方】
22cm四方のラップの上にAをのせ、残りの具材を
重ねる。巾着のように包んで口をマスキングテープ
などで閉じ、冷凍する。

【食べるとき】
凍ったスープ玉のラップを取り、耐熱の器に入れて
水180mlを加える。ラップをしないで電子レンジ
（600W）で3分〜3分40秒加熱し、よく混ぜる。
※加熱時間は様子をみながら加減してください。

SOUP・2・

焼肉屋さんの味を再現！
わかめの中華風スープ

【材料（1個分）】
カットわかめ（さっと洗って水気をふく）… 2g
かいわれ大根 … 10本
白いりごま、顆粒鶏ガラスープ、ごま油
　 … 各小さじ1
おろししょうが（チューブ）… 小さじ1/4

【作り方】
「油揚げの赤だし」と同様にする。

【食べるとき】
凍ったスープ玉のラップを取り、耐熱の器に入れて
水200mlを加える。「油揚げの赤だし」と同様に加
熱する。

SOUP・3・

和洋の献立に合うまろやかな味。
きのこの
和風豆乳スープ

【材料（1個分）】
しめじ（小房に分ける）… 1/8パック（18g）
細ねぎ（小口切り）… 大さじ1
A みそ … 小さじ2
　 顆粒和風だし … 少々

【作り方】
「油揚げの赤だし」と同様にする。

【食べるとき】
凍ったスープ玉のラップを取り、耐熱の器に入れて
豆乳100ml、水100mlを加える。「油揚げの赤だし」
と同様に加熱する。

SOUP・4・

ほっこり甘くて子どもに人気！
かぼちゃのミルクスープ

【材料（1個分）】
かぼちゃ（薄切り）… 4枚（40g）
玉ねぎ（みじん切り）… 大さじ2（30g）
A 顆粒コンソメ … 小さじ1
　 塩、こしょう … 各少々
　 バター … 5g

【作り方】
「油揚げの赤だし」と同様にする。

【食べるとき】
凍ったスープ玉のラップを取り、耐熱の器に入れて
牛乳、水各100mlを加える。「油揚げの赤だし」と
同様に加熱する。

SOUP・5・

献立のアクセントに◎。
トマトカレースープ

【材料（1個分）】
ミニトマト（爪楊枝で数カ所穴をあける）… 2個（20g）
A カレー粉、顆粒コンソメ、
　 オリーブオイル … 各小さじ1

【作り方】
「油揚げの赤だし」と同様にする。

【食べるとき】
凍ったスープ玉のラップを取り、耐熱の器に入れて
水200mlを加える。「油揚げの赤だし」と同様に加
熱する。

時間差ごはんの味方

レンチン一撃！
1人分の
パスタ・ごはん

具材と一緒にパスタも生米もそのまま冷凍！
レンチンするだけで食べられて
ひとりランチや塾前ごはん、
夜食にと大活躍間違いなしです。

※冷凍保存期間はすべて3週間

パスタ・ごはん物の基本の作り方

「節約レンチンごはん」のパスタ、ごはん物の中には、乾物のパスタや
生米を使うレシピがあります。手順と押さえておきたいポイントをご紹介します。

オイル系＆スープ系パスタ

パスタと具材を別々に冷凍します。
パスタがツルッとなめらか仕上がり、
オイル系やスープ系パスタの持ち味が
存分に楽しめます。

‖ しめじとサバ缶のペペロン ＞P.82

※パスタはすべて1.8mmの
スパゲッティを使ってくだ
さい。早ゆでタイプはやわ
らかくなりすぎるので使
わないでください（レシピ
詳細はP.82〜87参照）。

ツルッと食感！ 氷漬けパスタ

冷凍の仕方

コンテナにスパゲッティを半分
に折って入れ、水300mlを加
えてふたをして冷凍する。

食べるとき

❶

ふたを取り、電子レンジ（600W）
で5〜6分加熱する。表面の氷を
取り除く。

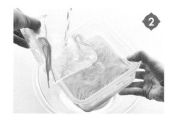

❷

氷にスパゲッティがはりついてい
たら、流水をかけてはがす。

❸

コンテナに水をはって、手で洗っ
てぬめりを取る。水が白く濁らな
くなるまで、水を取り替えながら
2〜3回繰り返し、水気をきる。

❹

水200mlを加え、ふたをしない
で電子レンジ（600W）で3〜4分
加熱する。

❺

取り出して、水気をきる。

❻

具材用コンテナをレシピ通りに電
子レンジで加熱する。

❼

6に5を入れてよく混ぜる。

クリーム系パスタ

‖ カルボナーラ　>P.85

パスタと具材を一緒に冷凍します。
パスタから出るとろみを利用するので、
ソースがしっかりからみます（レシピ詳細はP.85〜87参照）。

トロッとからむ！
オールインワン冷凍

冷凍の仕方

コンテナにレシピ通りに材料
を入れ、ふたをして冷凍する。

食べるとき

① ふたをしないで電子レンジ（600W）で、レシピ通りに加熱する。

② 加熱後、すぐにとろみがつくまでよく混ぜる。熱いうちに混ぜないと、スパゲッティがかたまりになったり、とろみがつきにくくなるので注意する。

‖ きのことベーコンのリゾット　>P.90

リゾット＆おかゆ

生米と具材を一緒に冷凍します。
冷凍中に米にひびが入るので味がしみ込み、加熱すると
ほどよいとろみがつきます（レシピ詳細はP.90参照）。

本格味！
生米ダイレクト冷凍

冷凍の仕方

コンテナにレシピ通りに材料を
入れ、ふたをして冷凍する。

食べるとき

① コンテナにレシピ通りに分量の水を加える。

② ふたをしないで、電子レンジ（600W）でレシピ通りに加熱する。取り出してふたをして、3分ほど蒸らす。

③ ふたを取り、とろみがつくまで混ぜる。

しめじとサバ缶のペペロン

缶詰なら準備も簡単、加熱時間も短縮できます。
サバ缶の塩気とうま味を生かして、
味つけはシンプルに塩だけでOK!

【 材料(1人分)】

〈 具材用 〉

サバ水煮缶(汁気をきり、身を半分に割る)
　…1缶(190g)

しめじ(小房に分ける)… 1/2 パック(75g)

A　オリーブオイル … 大さじ2
　　おろしにんにく(チューブ)… 小さじ1/3
　　塩…小さじ1/4
　　赤唐辛子(好みで・種を除く)… 2本

〈 氷漬けパスタ 〉

スパゲッティ(1.8mm・長さを半分に折る)… 100g

水 … 300ml

詰める順番《具材用》

| サバ水煮 |
| しめじ |
| A |

【 作り方 】

1. 具材用コンテナを作る。コンテナにAを入れて混ぜ、しめじを入れて平らにし、いちばん上にサバ水煮をのせる。ふたをして冷凍する。

2. 氷漬けパスタは「オイル系&スープ系パスタの基本の作り方」(P.80)と同様にして冷凍する。

【 食べるとき 】

1. 氷漬けパスタは「オイル系&スープ系パスタの基本の作り方」1〜5と同様にする。

2. 具材用コンテナはふたを斜めにのせ、電子レンジ(600W)で5〜6分ほど加熱する。

3. 2に1を加えて全体を混ぜる。

ゆーママMEMO

火が通りやすいしめじと温まればよいサバ缶を具材にして、加熱時間を短縮しました。サバの身は半分に割るぐらい大きいと食べごたえが出ますよ。中骨はお好みで除いてくださいね。

【材料（1人分）】

〈 具材用 〉

小松菜（5cm長さに切る）… 1/2 束（150g）

ベーコン（ハーフ・長さを4等分に切る）… 4枚（36g）

A｜しょうゆ … 大さじ1と1/2
　｜酒 … 大さじ1
　｜おろししょうが（チューブ）… 小さじ1/3

バター … 10g

〈 氷漬けパスタ 〉

スパゲッティ（1.8mm・長さを半分に折る）… 100g

水 … 300ml

【作り方】

❶ 具材用コンテナを作る。コンテナに小松菜を入れて平らにし、上にベーコンを並べて混ぜ合わせたAをかけ、いちばん上の中央にバターをのせる。ふたをして冷凍する。

❷ 氷漬けパスタは「オイル系&スープ系パスタの基本の作り方」（P.80）と同様にして冷凍する。食べるときは、P82の【食べるとき】と同様。

詰める順番《具材用》

下味をつけた
ひき肉 ❶

玉ねぎ

1人分96円

ピリ辛ボロネーゼ風

かくし味に使ったみそは、料理にコクと深みを
出してくれる便利調味料。
トマト味と相性抜群なので、ぜひぜひお試しを！

1人分196円

ベーコンと小松菜の
和風スパゲッティ

余りがちな食材は、冷凍パスタにして
無駄なく使いきり！コクのある和風味で、
幅広い世代に喜ばれます。

詰める順番《具材用》

バター
A
ベーコン
小松菜

【材料（1人分）】

〈 具材用 〉

豚ひき肉 … 50g

玉ねぎ（薄切り）… 1/8 個（25g）

A｜トマトケチャップ … 大さじ2
　｜オリーブオイル … 大さじ1
　｜みそ … 小さじ1
　｜おろしにんにく（チューブ）… 小さじ1/2
　｜顆粒コンソメ、ラー油 … 各小さじ1/4

〈 氷漬けパスタ 〉

スパゲッティ（1.8mm・長さを半分に折る）… 100g

水 … 300ml

【作り方】

❶ 具材用コンテナを作る。ポリ袋にひき肉、Aを入れて袋の上からもんで全体をなじませる。

❷ コンテナに玉ねぎ、1の順に重ねて平らにする。ふたをして冷凍する。

❸ 氷漬けパスタは「オイル系&スープ系パスタの基本の作り方」（P.80）と同様にして冷凍する。

【食べるとき】

❶ 氷漬けパスタは「オイル系&スープ系パスタの基本の作り方」1〜5と同様にして加熱する。

❷ 具材用コンテナはふたを斜めにのせ、電子レンジ（600W）で6〜7分ほど加熱する。

❸ 器に1を盛り、2をかける。

ツナとトマトと青じそのスパゲッティ

ツナ缶を主役に、ミニトマトの甘酸っぱさと
青じそのさわやかさが最高のアクセント。
さっぱり味のパスタです。

詰める順番《具材用》

| A |
| 青じそ |
| ツナ |
| ミニトマト |

ゆーままMEMO

青じそは大きめにちぎると冷
凍しても香りがとびにくく、
さわやかさを楽しめますよ。

【 材料（1人分）】

〈 具材用 〉

ツナ缶（オイル漬け）… 小1缶（70g）
ミニトマト（半分に切る）… 4個（40g）
青じそ（大きめにちぎる）… 2枚
A｜めんつゆ（2倍濃縮）、ポン酢しょうゆ … 各大さじ1
　｜ごま油 … 小さじ2

〈 氷漬けパスタ 〉

スパゲッティ（1.8mm・長さを半分に折る）… 100g
水 … 300ml

【 作り方 】

❶ 具材用コンテナを作る。コンテナにミニトマ
　トを入れ、ツナをオイルごと加えて平らにし、
　青じそをのせて、Aをかける。ふたをして冷凍
　する。

❷ 氷漬けパスタは「オイル系&スープ系パスタの
　基本の作り方」P.80と同様にして冷凍する。
　食べるときは、P.82の【 食べるとき 】と同様。

【材料（1人分）】

〈 具材用 〉

キャベツ（5cm大に切る）… 1/6個（150g）
ソーセージ（切り込みを10本入れる）… 2本（40g）
A｜オリーブオイル … 大さじ1
　｜顆粒コンソメ … 小さじ2
　｜おろしにんにく（チューブ）… 小さじ1/3
　｜塩 … 少々

〈 氷漬けパスタ 〉

スパゲッティ（1.8mm・長さを半分に折る）… 100g
水 … 300ml

【 作り方 】

❶ 具材用コンテナを作る。コンテナにキャベツ、ソ
　ーセージの順に重ねて平らにし、いちばん上に
　混ぜ合わせたAをかける。ふたをして冷凍する。

❷ 氷漬けパスタは「オイル系&スープ系パスタの基
　本の作り方」（P.80）と同様にして冷凍する。

【 食べるとき 】

❶ 氷漬けパスタは「オイル系&スープ系パスタの
　基本の作り方」1〜5と同様にして加熱する。

❷ 具材用コンテナに水200mlを注ぎ、ふたはし
　ないで電子レンジ（600W）で8〜10分ほど加
　熱する。

❸ 2に1を加えて全体を混ぜる。器に盛り、好み
　で粗びき黒こしょう適量をふり、粒マスター
　ド適量を添える。

詰める順番《具材用》

| A |
| ソーセージ |
| キャベツ |

キャベツとソーセージのスープスパゲッティ

ソーセージの塩気とにんにくを効かせて、
キャベツの甘さが引き立たせたパスタです。
おいしいスープを飲み干せば、おなかも大満足。

1人分176円

カルボナーラ

牛乳にマヨネーズを足してコクとまろやかさをプラス。
生クリームを使わない分、重くなりすぎず、
最後まで飽きずにいただけます。

詰める順番

ベーコン
スパゲッティ
牛乳、卵を混ぜたA

【材料(1人分)】

スパゲッティ(1.8mm・長さを半分に折る)
　…100g
ベーコン(ハーフ・長さを4等分に切る)
　…4枚(36g)
卵…1個
A｜マヨネーズ…大さじ2
　｜顆粒コンソメ…小さじ1/4
牛乳…200ml

【作り方】

コンテナに卵を割り入れ、Aを加えてほぐし混ぜる。
牛乳を加えてさらに混ぜ、スパゲッティをなるべく
平らになるように入れ、いちばん上にベーコンをの
せる。

【食べるとき】

1　コンテナはふたをしないで、電子レンジ(600
　　W)で9〜11分ほど加熱し、全体を混ぜる。
2　器に盛り、好みで粗びき黒こしょう(適量)を
　　ふる。

【 材料（1人分）】

スパゲッティ（1.8㎜・長さを半分に折る）
　… 100g
明太子（中身を出す）… 30g
A　牛乳 … 250ml
　　めんつゆ（2倍濃縮）… 大さじ1
　　しょうゆ … 小さじ1

【 作り方 】

コンテナに明太子、Aを入れて混ぜ、スパゲッティをなるべく平らになるように入れる。ふたをして冷凍する。

【 食べるとき 】

1. コンテナはふたをしないで、電子レンジ（600W）で9〜11分ほど加熱し、全体を混ぜる。
2. 器に盛り、あれば明太子適量をのせる。

詰める順番

| スパゲッティ |
| 明太子を混ぜたA |

1人分184円

明太クリームパスタ

しょうゆとめんつゆを少し加えることで、
明太子と牛乳が調和して、
明太子のうまみが引き立ちます。

【 材料（1人分）】

スパゲッティ（1.8㎜・長さを半分に折る）
　… 100g
ベーコン（ハーフ・長さを4等分に切る）
　… 4枚（36g）
トマト缶（カットタイプ）… 1/2缶（200g）
A　牛乳 … 100ml
　　顆粒コンソメ … 小さじ1/2
トマトケチャップ … 大さじ3

【 作り方 】

コンテナにAを入れて混ぜ、スパゲッティをなるべく平らになるように入れる。トマト缶、トマトケチャップの順に重ねて平らにし、いちばん上にベーコンを並べる。ふたをして冷凍する。

【 食べるとき 】

1. コンテナはふたをしないで、電子レンジ（600W）で9〜11分ほど加熱し、全体を混ぜる。
2. 器に盛り、あればパセリ（みじん切り）適量をふる。

1人分176円

トマトクリームパスタ

ほどよい酸味でクリーミーな
トマトクリームが絶品！　ベーコンのコクで
牛乳だけとは思えないリッチな味わいです。

詰める順番

| ベーコン |
| トマトケチャップ |
| トマト缶 |
| スパゲッティ |
| A |

きのこクリームしょうゆパスタ

1人分192円

きのこは冷凍するとうまみが出やすくなり、食感はプリプリのまま。豆乳のやさしい味わいに奥行きを与えてくれます。

詰める順番

しめじ
スパゲッティ
A

バター

【材料（1人分）】

スパゲッティ（1.8㎜・長さを半分に折る）… 100g
しめじ（小房に分ける）… 1パック（150g）
A｜豆乳（調整）… 150ml
　｜水 … 50ml
　｜しょうゆ … 大さじ1
　｜おろしにんにく（チューブ）… 小さじ1/3
　｜顆粒鶏ガラスープ … 小さじ1/4
バター … 10g

【作り方】

コンテナにAを入れて混ぜ、スパゲッティをなるべく平らになるように入れ、しめじをのせて平らにする。いちばん上の中央にバターをのせる。ふたをして冷凍する。

【食べるとき】

❶ コンテナはふたをしないで、電子レンジ（600W）で9～11分ほど加熱し、全体を混ぜる。

❷ 器に盛り、あれば細ねぎ（小口切り）適量をのせる。

【材料（1人分）】

スパゲッティ（1.8㎜・長さを半分に折る）
　　… 100g
豚バラ薄切り肉（4㎝長さに切る）… 50g
ブロッコリー（小房に分ける）… 1/4個（50g）
玉ねぎ（薄切り）… 1/6個（50g）
A｜牛乳 … 200ml
　｜カレー粉、ウスターソース … 各大さじ1
　｜しょうゆ … 小さじ2

【作り方】

コンテナにAを入れて混ぜ、スパゲッティをなるべく平らになるように入れ、玉ねぎをのせて平らにする。豚肉を1枚ずつ広げてのせ、いちばん上にブロッコリーをのせて平らにする。ふたをして冷凍する。

【食べるとき】

コンテナはふたをしないで、電子レンジ（600W）で10～12分ほど加熱し、全体を混ぜる。

カレークリームパスタ

1人分232円

おそば屋さんのカレーうどんをクリームパスタにアレンジしたら大成功！ 目先が変わって家族ウケも抜群です。

詰める順番

ブロッコリー
豚肉
玉ねぎ
スパゲッティ
A

卵入りケチャップライス

ふんわり卵入りで、ひと口食べればオムライス！
魚肉ソーセージのやわらかい口当たりともマッチします。

詰める順番

トマトケチャップ
ごはん
ピーマン
ソーセージ
ホールコーン
卵液

ゆーママMEMO

ケチャップの量はお好みに合わせて調整してくださいね。

【材料（1人分）】

卵 … 1個（55g）
魚肉ソーセージ（薄い輪切り）… 1本（30g）
ホールコーン（缶・汁気をきる）… 20g
ピーマン（5mm角に切る）… 1個（25gか15g）
マヨネーズ … 大さじ2
トマトケチャップ … 大さじ3〜4
冷めたごはん … 茶わん大盛1杯分（200g）

【作り方】

コンテナに卵を割り入れ、マヨネーズを加えてほぐし混ぜる（卵液）。ホールコーン、魚肉ソーセージ、ピーマン、ごはんの順に重ねて平らにする。いちばん上にケチャップをのせ、ごはん全体に広げる。

【食べるとき】

コンテナにふたを斜めにのせ、電子レンジ（600W）で6〜7分ほど加熱する。卵をほぐしながら全体を混ぜる。

1人分192円

甘辛豚丼

甘辛味が豚肉にしみ込んで、
スタミナ補給にぴったりです。
はちみつの保湿効果でお肉がしっとり仕上がります。

詰める順番

| ごはん |
| 下味をつけた豚肉 ❶ |
| 長ねぎ |

ゆーママMEMO

ごはんは冷凍すると少し乾燥するので、やわらかめに炊いたものがおすすめです。

【材料（1人分）】

豚肩ロース薄切り肉 … 100g
長ねぎ（小口切り）… 1/2本（50g）
A│しょうゆ、はちみつ … 各大さじ2
　│酒 … 大さじ1
　│おろししょうが（チューブ）… 小さじ1/3
冷めたごはん … 茶わん大盛1杯分（200g）

【作り方】

❶ 豚肉に混ぜ合わせたAをからめる。
❷ コンテナに長ねぎ、1の順に重ねて入れて平らにし、いちばん上にごはんをのせて平らにする。ふたをして冷凍する。

【食べるとき】

❶ コンテナにふたを斜めにのせ、電子レンジ（600W）で6〜7分ほど加熱する。
❷ コンテナをさかさまにして器に盛る。

【材料（1人分）】

卵 … 1個
鮭ふりかけ … 1袋（28g）
細ねぎ（小口切り）… 適量
マヨネーズ … 大さじ2
A│ごま油 … 大さじ1
　│顆粒鶏ガラスープ、しょうゆ … 各小さじ1
　│塩、こしょう … 各少々
冷めたごはん … 茶わん大盛1杯分（200g）

【作り方】

コンテナに卵を割り入れ、マヨネーズを加えてほぐし混ぜる（卵液）。ごはんを加えて平らにし、鮭ふりかけを全体にふり、Aを全体に回しかける。いちばん上に細ねぎをのせる。ふたをして冷凍する。

【食べるとき】

コンテナにふたを斜めにのせ、電子レンジ（600W）で6〜7分ほど加熱する。卵をほぐしながら全体を混ぜる。

1人分136円

鮭フレークのチャーハン

鮭ふりかけを使っておいしく節約。
レンジ加熱で手軽に
パラパラチャーハンが楽しめます。

ゆーママMEMO

わが家ではしっとりタイプのふりかけを愛用していますが、お好みの商品をお使いくださいね。

詰める順番

| 細ねぎ |
| A |
| 鮭ふりかけ |
| ごはん |
| 卵液 |

詰める順番

| ベーコン |
| しめじ |
| A |
| 米 |

1人分116円

きのことベーコンのリゾット

冷凍中にお米にひびが入るので、うまみと塩気が中までしみ込んで、コツいらずでお店みたいな仕上がりに。

【材料（1人分）】

米（洗って水気をきる）
　…1/2 合（75g）
しめじ（小房に分ける）
　…1/2 パック（75g）
ベーコン
　（ハーフ・長さを4等分に切る）
　…2 枚（18g）
A　牛乳 … 200ml
　　顆粒コンソメ … 小さじ1/3
　　おろしにんにく（チューブ）
　　　… 少々

【作り方】

コンテナに米を入れて混ぜ合わせたAを加え、しめじをのせて平らにし、いちばん上にベーコンを並べる。ふたをして冷凍する。

【食べるとき】

❶ コンテナに水300mlを注ぎ、ふたをしないで電子レンジ（600W）で8分30秒ほど加熱する。ふたをして3分ほど蒸らし、全体を混ぜる。

❷ 器に盛り、あればパセリ（みじん切り）、粗びき黒こしょう各適量をふる。

ゆーママMEMO

冷凍することでお米にひびが入ります。加熱直後はシャバシャバしていますが、蒸らしてからよく混ぜると、ほどよくとろみがついてくるのでご安心を。

【材料（1人分）】

米（洗って水気をきる）
　…1/2 合（75g）
鶏ささ身（筋を除く）
　…1 本（70g）
A　水 … 200ml
　　顆粒鶏ガラスープ
　　　… 小さじ1
　　おろししょうが
　　（チューブ）
　　　… 小さじ1/3
　　塩 … 少々

【作り方】

コンテナに米を入れてAを加えて混ぜ、ささ身をのせる。ふたをして冷凍する。

【食べるとき】

❶ コンテナに水200mlを注ぎ、ふたをしないで電子レンジ（600W）で8分30秒ほど加熱する。ささ身を箸などでほぐしながら全体を混ぜ、ふたをして3分ほど蒸らす。

❷ 全体を混ぜて器に盛り、好みでごま油適量をかけ、あればかいわれ大根適量を添える。

1人分60円

本格中華がゆ

おかゆが好きすぎて研究を重ねた自信作。わが家では必ずストックしています。風邪気味のときにも助かりますよ。

詰める順番

| ささ身 |
| A |
| 米 |

ゆーママMEMO

調味料を入れずに米と水だけにすると、白がゆが作れます。鍋で作るのと違って、目を離せるのがなにより便利!

家計もおなかも大満足！

節約食材が主役のメイン・サブおかず

節約＆時短がかなうラクしておいしいおかずを厳選。
どれも準備は5分ほど。時間のあるときに
作りだめしておけば時間がないとき、
疲れたときの救世主に！

※冷凍保存期間はすべて3週間

詰める順番

下味をつけた鶏肉

1人分49円

わさびだししょうゆの蒸し鶏

蒸し鶏にピリッとわさびが効いてやみつきに!
オリーブオイルの風味でさっぱりの中にもコクのあるおいしさです。

【 材料（4人分）】

鶏むね肉（薄いそぎ切り）… 1枚（250g）
A めんつゆ（2倍濃縮）… 大さじ3
みりん、オリーブオイル … 各大さじ1
しょうゆ… 小さじ2
わさび（チューブ）… 小さじ1

【 作り方 】

コンテナに鶏肉を入れてAをからめ、平らにする。
ふたをして冷凍する。

【 食べるとき 】

1 コンテナにふたを斜めにのせ、電子レンジ（600
W）で8〜10分ほど加熱し、全体を混ぜる。

2 好みでわさび（チューブ）適量を添える。

92

カレークリーム煮

1人分62円

鶏むね肉をカレーの風味で満足感のある
おかずに格上げ。小麦粉をまぶしておくと、
とろみづけとパサつき予防ができて一石二鳥です。

詰める順番

| 牛乳 |
| A |
| 粉をふった鶏肉 ❶ |
| 玉ねぎ |

【材料（4人分）】

鶏むね肉（薄いそぎ切り）… 1枚（250g）
玉ねぎ（薄切り）… 1/4個（75g）
小麦粉 … 大さじ2
A｜カレー粉 … 大さじ2
　｜顆粒コンソメ … 小さじ1
牛乳 … 200ml

【作り方】

❶ ポリ袋に鶏肉、小麦粉を入れて袋の口を閉じ、
袋をふって粉をまぶす。

❷ コンテナに玉ねぎ、1の順に重ねて入れて平らに
し、Aをかけ、牛乳を加える。ふたをして冷凍する。

【食べるとき】

❶ コンテナに水200mlを注ぎ、ふたを斜めにの
せて電子レンジ（600W）で11〜13分ほど加熱
し、全体をとろみがつくまで混ぜる。

❷ 器に盛り、パセリ（みじん切り）適量を散らす。

【材料（4人分）】

鶏むね肉（半分に切り1.5cm太さの棒状に切る）
　… 1枚（250g）
片栗粉 … 大さじ1
A｜はちみつ … 大さじ2
　｜トマトケチャップ、コチュジャン
　｜　… 各大さじ1と1/2
　｜にんにく（チューブ）… 小さじ1/2

【作り方】

コンテナに鶏肉、片栗粉を入れてまぶし、Aを加え
てからめ、平らにする。ふたをして冷凍する。

【食べるとき】

コンテナに水大さじ4を加え、ふたを斜めにのせ
て電子レンジ（600W）で10分ほど加熱し、全体を
とろみがつくまで混ぜる。

韓国風チキン

1人分49円

味の決め手はコチュジャンとケチャップの
合わせワザ。パンチの効いた甘じょっぱさは、
肉おかずの満足感がほしいときにぴったりです。

詰める順番

| 下味をつけた鶏肉 |

ゆーママMEMO

コチュジャンは、これ1つで韓国風の味つ
けが決まる便利調味料として愛用中。炒め
物や煮物、あえ物などに幅広く使えます。
野菜スティックのディップにするなどあと
1品ほしいときにも助かる！

サラダポーク

しっとり、うまみ満点！ サラダチキンとはまた違った
おいしさに出会えます。こま切れ肉だから、
切る手間不要でさらにラクチン。

詰める順番

下味をつけた豚肉

ゆーママMEMO

かたいイメージのある豚こま切れ肉
ですが、冷凍中に繊維が壊れて、味
がしっかりしみるのでとてもやわら
かく仕上がります。サラダやサンド
イッチにもおすすめです。

【材料（4人分）】

豚こま切れ肉 … 300g
A 酒 … 大さじ2
　サラダ油 … 大さじ1
　顆粒コンソメ、顆粒鶏ガラスープ
　　… 各小さじ1/2
　こしょう、おろしにんにく、
　おろししょうが（各チューブ）
　　… 各少々

【作り方】

コンテナに豚肉、Aを入れてからめ、平らにする。
ふたをして冷凍する。

【食べるとき】

① コンテナに水大さじ2を加え、ふたを斜めに
のせて電子レンジ（600W）で8分ほど加熱し、
全体を混ぜる。

② 器にあればフリルレタス適量を敷き、1を盛る。

詰める順番

| マヨネーズ |
| A |
| 豚肉 |
| 長ねぎ |

1人分114円

豚こまのねぎマヨあえ

マヨネーズがからんでこま切れ肉がふっくらしっとり。
リッチな風味で照りつやもアップします。

【材料（4人分）】

豚こま切れ肉 … 300g
長ねぎ（みじん切り）
　… 1本（100g）
A　｜しょうゆ … 大さじ2
　　｜酒 … 大さじ1
マヨネーズ … 大さじ2

【作り方】

コンテナに長ねぎを入れ、豚肉を
1枚ずつ広げて重ねて平らにし、
Aを加える。いちばん上の中央に
マヨネーズをのせる。ふたをして
冷凍する。

【食べるとき】

コンテナにふたを斜めにのせて電
子レンジ（600W）で8分ほど加
熱し、全体を混ぜる。

ゆーママMEMO

いろいろな部位が混ざってい
るこま切れ肉は、マヨネーズ
と加熱するとしっとりやわら
かく仕上がりますよ。

【材料（4人分）】

豚こま切れ肉 … 300g
白菜（2cm幅に切る） … 2枚（100g）
片栗粉 … 大さじ1と1/2
A　｜酒 … 大さじ2
　　｜オイスターソース … 大さじ1
　　｜ごま油 … 小さじ1
　　｜顆粒鶏ガラスープ … 少々
　　｜おろしにんにく、おろししょうが（各チューブ）
　　｜　… 各少々

1人分97円

豚こま白菜のオイスターあん

オイスターソースの濃厚な味わいで白菜がたっぷり食べられます。
あんかけ焼きそばにしてもおいしいですよ。

【作り方】

① ポリ袋に白菜、片栗粉を入れて袋の口を閉じ、袋をふ
って粉をまぶす。
② コンテナに1、豚肉の順に重ねて入れて平らにし、混
ぜ合わせたAを加える。ふたをして冷凍する。

【食べるとき】

コンテナに水200mlを注ぎ、斜めにふたをのせて電子レ
ンジ（600W）で8〜9分ほど加熱し、全体をとろみがつ
くまで混ぜる。

詰める順番

| A |
| 豚肉 |
| 粉をまぶした白菜① |

1人分70円

カニ風味シュウマイ

ふわふわでひと口噛むとジュワッとうまみが流れ出ます。
カニかまとひき肉をしっかり混ぜると味がなじんでおいしくなります。

詰める順番

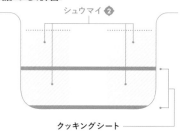

{ POINT }

ⓐ 皮同士がくっつかないように、側面に油を塗っておく。
ⓑ 肉だねの面を下にして並べる。皮を下にして並べると、加熱したときに底にたまった蒸気で皮が破けたりベトベトになるので注意する。容器の中央はマイクロ波が届きにくく加熱ムラの原因となるので、中央をあけて並べる。

【材料（4人分）】

鶏ひき肉 … 200g
カニ風味かまぼこ（ほぐす）… 5本（35g）
顆粒鶏ガラスープ … 小さじ1
A｜絹ごし豆腐 … 1/2丁（150g）
　｜玉ねぎ（みじん切り）… 1/4個（40g）
　｜片栗粉、ごま油 … 各小さじ2
　｜しょうゆ … 小さじ1
シュウマイの皮 … 16枚

【作り方】

❶ ポリ袋にひき肉、顆粒鶏ガラスープを入れ、袋の上から粘りが出るまで混ぜる。A、カニ風味かまぼこを加え、袋の上から全体がなじむまでもむ。

❷ 1を16等分して丸め、1個ずつシュウマイの皮1枚で包む。（シュウマイ）皮の側面にサラダ油適量（分量外）を塗る（ⓐ）。

❸ コンテナの底にクッキングシートを敷き、2の半量を肉だねの面を下にして中央をあけて並べ、クッキングシートをのせる。残りも同様にして並べる（ⓑ）。ふたをして冷凍する。

【食べるとき】

❶ コンテナにふたを斜めにのせ、電子レンジ（600W）で10分ほど加熱する。蒸気が落ち着くまでふたをしておく。

❷ 器に盛り、練り辛子適量を添える。

【1人分131円】

ひき肉の厚揚げ詰め

少なめのひき肉は厚揚げに詰めてボリュームアップ。
厚揚げの油がコクと食べごたえを増してくれます。

【材料（4人分）】

鶏ひき肉 … 150g
厚揚げ（半分に切り、厚みに切り込みを入れて袋
　状にする）… 2枚（250g）
細ねぎ（小口切り）… 2本（30g）
塩 … 少々
A｜めんつゆ（2倍濃縮）… 大さじ2
　｜しょうゆ … 大さじ1

【作り方】

❶ ポリ袋にひき肉、塩を入れて袋の上からもみ、
　細ねぎを加えてなじむまでさらにもむ。

❷ ❶を厚揚げの切り込みに1/4量ずつ詰める。

❸ コンテナに❷を並べ、Aをかける。

【食べるとき】

コンテナに水大さじ2を加え、ふたを斜めにのせ
て電子レンジ（600W）で12分ほど加熱し、裏返す。

詰める順番

| A |
| ひき肉を詰めた厚揚げ❷ |

【1人分101円】

キーマカレー

中濃ソースを使って揃えるのが大変な
スパイスと野菜のコクを補えば、
レンジで絶品無水カレーのでき上がり。

【材料（4人分）】

豚ひき肉 … 200g
玉ねぎ（みじん切り）… 1/4個（75g）
ホールコーン缶（缶汁をきる）… 1缶（120g）
A｜トマトケチャップ … 大さじ3
　｜中濃ソース … 大さじ2
　｜カレー粉 … 大さじ1と1/2
　｜おろしにんにく（チューブ）… 小さじ1
　｜顆粒コンソメ … 小さじ1/3

【作り方】

❶ ポリ袋にひき肉、Aを入れて、袋の上からもん
　でなじませる。

❷ コンテナに玉ねぎ、ホールコーンの順に重ねて
　入れて平らにし、いちばん上に❶をのせて平ら
　にする。ふたをして冷凍する。

【食べるとき】

コンテナにふたを斜めにのせ、電子レンジ（600W）
で10分ほど加熱し、全体を混ぜる。

詰める順番

| 下味をつけたひき肉❶ |
| ホールコーン |
| 玉ねぎ |

ゆーママMEMO

コーンと玉ねぎのやさしい甘さ
がお子さまにも食べやすいカレー
です。カレー粉の量はお好み
で調整してもいいですよ。

97

塩サバの南蛮漬け

1人分100円

冷凍&レンジ加熱なら、漬け込み時間なしで
しっかり味がしみ込みます。
きりっとした酸味でお弁当のおかずにも◎。

詰める順番

A
塩サバ

【材料（4人分）】

塩サバの切り身（半分に切る）
　…4切れ（280g）
A｜砂糖、酢…各大さじ3
　｜しょうゆ…大さじ2
　｜白いりごま…大さじ1
　｜ごま油…小さじ2

【作り方】

コンテナに塩サバを並べ入れ、混ぜ合わせたAをか
ける。ふたをして冷凍する。

【食べるとき】

1　コンテナに水大さじ2を加え、ふたを斜めにの
　せて電子レンジ（600W）で8分ほど加熱する。
　全体をやさしく混ぜる。
2　器に盛り、かいわれ大根適量を添える。

1人分112円

塩サバのガーリックレモン

塩サバの塩気を生かして味つけは超シンプル。
おつまみにもなる濃厚な味わいが絶品です。

詰める順番

| A |
| 下味をつけた塩サバ❶ |
| レモン |

【材料（4人分）】

塩サバの切り身
　… 4切れ（280g）
おろしにんにく（チューブ）
　… 小さじ1

レモン（4枚の輪切り）… 1/2個
A｜酒、オリーブオイル
　｜… 各大さじ2
　｜粗びき黒こしょう … 適量

【作り方】

❶ 塩サバにおろしにんにくをすり込む。
❷ コンテナにレモン、1の順に重ねて並べ入れ、Aをかける。
　　ふたをして冷凍する。

【食べるとき】

コンテナにふたを斜めにのせ、電子レンジ（600W）で8分ほど
加熱する。器に盛り、好みで粗びき黒こしょう適量をふる。

ゆーママMEMO

塩サバは脂が多く、コンテナのいちばん下に入れると焦げつく原因に。レモンを敷いた上にのせてくださいね。

詰める順番

| A |
| しょうが |
| 塩サバ |
| 白菜 |

1人分109円

塩サバの煮物

面倒な手間は一切なしで、野菜もとれる煮物です。
塩サバはうまみがしっかり感じられて、臭みがないので冷凍にぴったり。

【材料（4人分）】

塩サバの切り身 … 4切れ（280g）
白菜（3cm幅に切る）… 1/8個（125g）
しょうが（細切り）… 1かけ（15g）
A｜白だし … 大さじ3
　｜みりん … 大さじ1

【作り方】

コンテナに白菜を入れて平らにし、上に塩サバを並べ、しょうがをのせ、混ぜ合わせたAをかける。ふたをして冷凍する。

【食べるとき】

コンテナにふたを斜めにのせ、電子レンジ（600W）で8～10分ほど加熱する。

1人分18円

ヤンニョムちくわ

甘辛いヤンニョムだれがちくわにからみ、
こっくりした味わいが最高。
それほど辛くないのでお子さまにも!

詰める順番

A
ちくわ

【 材料（4人分）】

ちくわ（長さを 3 等分に切る）… 5 本（100g）
A｜はちみつ…大さじ 2
　　トマトケチャップ、コチュジャン
　　　…各大さじ 1 と 1/2
　　おろしにんにく（チューブ）… 小さじ 1/2

【 作り方 】

コンテナにちくわを並べ入れ、混ぜ合わせたAをか
ける。ふたをして冷凍する。

【 食べるとき 】

1　コンテナに水大さじ 2 を加え、ふたを斜めに
　　のせて電子レンジ（600W）で 3〜4 分ほど加
　　熱する。全体を混ぜる。
2　器に盛り、白いりごま適量をふる。

詰める順番

> スライスチーズ
> A
> ちくわ
> ピーマン

ねぎちくわの照り焼き

ちくわのうまみに長ねぎの甘みがしみ込んで、
ごはんがすすむこと間違いなし。
あと1品ほしい時に重宝します。

【材料（4人分）】

ちくわ … 4本（80g）
長ねぎ（長さを4等分に切る）… 1本（100g）
A｜はちみつ … 大さじ3　しょうゆ … 大さじ2

【作り方】

1 ちくわは縦に1本切り込みを入れて開き、長ね
ぎを詰めて元の形に戻し、斜め半分に切る。

2 コンテナに1を並べ入れ、混ぜ合わせたAをか
ける。ふたをして冷凍する。

【食べるとき】

コンテナにふたを斜めにのせ、水大さじ1を加え、
電子レンジ（600W）で4分ほど加熱する。全体を
混ぜる。

ちくわのピザ風

冷凍したちくわはシコシコとして、
噛めば噛むほどいい味に。ピザ生地より
おいしいと家族が大絶賛のおかずです。

【材料（4人分）】

ちくわ（斜め薄切り）… 5本（100g）
ピーマン（薄い輪切り）… 2個（50g）
スライスチーズ … 2枚（34g）
A｜トマトケチャップ … 大さじ2
　｜オリーブオイル … 大さじ1

【作り方】

コンテナにピーマン、ちくわの順に重ねて平らにし、
Aをかけ、チーズをのせる。ふたをして冷凍する。

【食べるとき】

コンテナに水大さじ1/2を加え、ふたを斜めにのせ、
電子レンジ（600W）で4～5分ほど加熱する。全
体をやさしく混ぜる。

詰める順番

> A
> 長ねぎを
> 詰めたちくわ 1

ゆーママMEMO

レンジ加熱の場合、砂糖は
焦げやすいので水分のある
はちみつを使います。

1人分58円

はんぺん団子の もちもち中華あん

はんぺん団子のもちもち食感は
片栗粉の量が決め手です。長ねぎを混ぜて、
はんぺんの塩味をやわらげるのがコツ。

詰める順番

はんぺん団子 ①

中心の
あいている
部分に

B

はんぺん団子 ①

【材料（4人分）】

はんぺん … 2枚（200g）
A｜長ねぎ（みじん切り）… 1/2本（50g）
　｜片栗粉 … 大さじ3
　｜水 … 小さじ2
片栗粉 … 大さじ1
B｜顆粒鶏ガラスープ、ごま油 … 各大さじ1
　｜こしょう … 少々

ゆーママMEMO

はんぺん団子に入れる長ねぎを玉ね
ぎで代用すると水っぽくなってしま
うので避けてくださいね。

【作り方】

① ポリ袋にはんぺんをちぎって入れ、袋の上からもんでつ
ぶし、Aを加えてなじむまでさらにもむ。16等分に丸め、
片栗粉をまぶす（はんぺん団子）。

② コンテナに①の半量を中心をあけて並べ、その上に残り
を同様に並べる。中心のあいている部分にBを入れる。
ふたをして冷凍する。

【食べるとき】

① コンテナに水150mlを注ぎ、ふたを斜めにのせて電子レ
ンジ（600W）で6〜7分ほど加熱する。全体をやさし
く混ぜる。

② 器に盛り、細ねぎ（小口切り）適量を散らす。

はんぺんの
チーズガリバタしょうゆ

トロッととろけたチーズとバターの濃厚味とふんわり食感がたまらない！
しょうゆの風味でごはんにもよく合います。

【 材料（4人分）】

はんぺん（4等分の正方形に切り、
　厚みに切り込みを入れる）
　　…1枚（100g）
スライスチーズ
　（4等分の正方形に切る）
　　…1枚（34g）
A｜しょうゆ … 大さじ3
　｜みりん … 大さじ2
にんにく（薄切り）… 2かけ
バター … 10g

【 作り方 】

1　はんぺん1切れの切り込みに、
　　チーズを1切れずつはさむ。
2　コンテナに1を並べ入れてAを
　　かけ、にんにくをのせ、いち
　　ばん上の中央にバターをのせ
　　る。ふたをして冷凍する。

【 食べるとき 】

コンテナに水大さじ1を加え、ふた
を斜めにのせ、電子レンジ（600W）
で4〜5分ほど加熱する。

詰める順番

にんにく ─── バター
A
チーズをはさんだ
はんぺん1

はんぺんの磯辺巻き

はんぺん自体にうまみや甘みがあるので、
シンプルな調理でも満足感のあるおかずになります。
のりを巻いて風味をアップ。

詰める順番

A
のりを巻いた
はんぺん1

【 材料（4人分）】

はんぺん（8等分の長方形に切る）
　　…1枚（100g）
焼きのり（2×10cmの帯状）… 8枚
A｜しょうゆ、みりん … 各大さじ2

【 作り方 】

1　はんぺん1切れに焼きのりを1枚ずつ巻く。
2　コンテナに1を並べ入れ、混ぜ合わせた
　　Aをかける。ふたをして冷凍する。

【 食べるとき 】

コンテナに水大さじ1を加え、ふたを斜めに
のせ、電子レンジ（600W）で4〜5分ほど
加熱する。

厚揚げのステーキ

1人分55円

バターじょうゆにスパイシーさが加わった
ステーキソースをたっぷりからめて、
気分は厚切りステーキ!

詰める順番

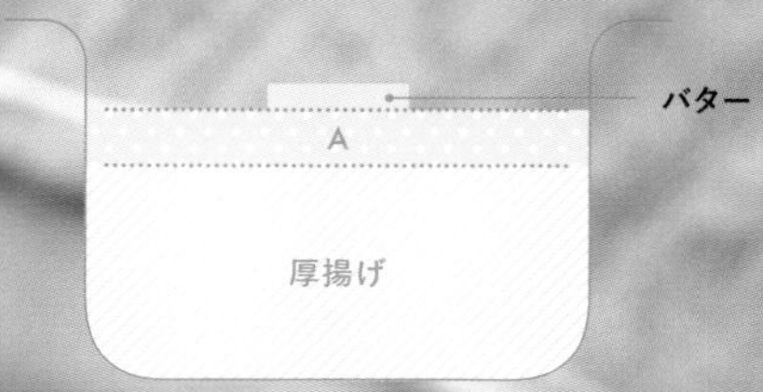

バター

A

厚揚げ

ゆーママMEMO

厚揚げは冷凍しても食感が変わ
らず、油の効果でパサつかない
ので冷凍向きの食材ですよ。

【材料(4人分)】

厚揚げ…4枚(500g)
A｜ウスターソース、はちみつ…各大さじ3
　｜しょうゆ…大さじ1と1/2
　｜おろしにんにく(チューブ)…小さじ1
バター…10g

【作り方】

コンテナに厚揚げを並べ入れ、Aをかけ、いちばん
上の中央にバターをのせる。ふたをして冷凍する。

【食べるとき】

1　コンテナにふたを斜めにのせて電子レンジ
　　(600W)で8分ほど加熱し、やさしく混ぜる。
2　器に盛り、あればパセリ適量を添える。

104

厚揚げのしょうがあん

1人分25円

しょうが風味の濃いめのあんを
からめて存在感たっぷり。
ごはんにのせてもモリモリいけます。

【材料（4人分）】

厚揚げ（4等分の正方形に切る）… 2枚（250g）
片栗粉 … 大さじ1と1/2
A　みりん、白だし … 各大さじ2
　　おろししょうが（チューブ）… 小さじ1/2

【作り方】

① ポリ袋に厚揚げ、片栗粉を入れて袋の口を閉じ、
　袋をふって粉をまぶす。
② コンテナに①を並べ入れ、混ぜ合わせたAをか
　ける。ふたをして冷凍する。

【食べるとき】

コンテナに水200mlを注ぎ、ふたを斜めにのせて
電子レンジ（600W）で7分ほど加熱し、やさしく
混ぜる。

詰める順番

A
厚揚げ

詰める順番

A
粉をまぶした厚揚げ①

厚揚げのユーリンチー

1人分25円

厚揚げの香ばしい表面に
ピリ辛のたれがしみ込んで、
ヘルシーで後ひく味わい！

【材料（4人分）】

厚揚げ（半分ずつに切る）… 2枚（250g）
A　砂糖、酢 … 各大さじ3
　　しょうゆ、ごま油 … 各大さじ2
　　白いりごま … 大さじ1
　　ラー油 … 小さじ1
　　豆板醤 … 小さじ1/2

【作り方】

コンテナに厚揚げを並べ入れ、混ぜ合わせたAをか
ける。ふたをして冷凍する。

【食べるとき】

① コンテナにふたを斜めにのせて電子レンジ
　（600W）で5分ほど加熱し、やさしく混ぜる。
② 器に盛り、あれば細ねぎ（小口切り）適量を散らす。

ゆーママMEMO

めんつゆは薄めずに加えますが、加熱すると大根から水気が出てちょうどいい味に仕上がります。

1人分45円

Ⓐ 大根のそぼろ煮

鶏ひき肉のやさしい味わいに、やわらかな大根がよく合います。レンジ加熱なら煮くずれません。

【材料(4人分)】

大根(2cm厚さの半月切り)
　…1/2本(500g)
鶏ひき肉 … 50g
細ねぎ(小口切り) … 20g
A　めんつゆ(2倍濃縮)
　　　…大さじ4
　　おろししょうが(チューブ)
　　　…小さじ1/2

【作り方】

コンテナにひき肉を入れて平らにし、Aをかけ、大根、細ねぎの順に重ねて平らにする。ふたをして冷凍する。

【食べるとき】

コンテナにふたを斜めにのせ、電子レンジ(600W)で10分ほど加熱する。ひき肉をほぐしながら全体を混ぜる。

詰める順番
| 細ねぎ |
| 大根 |
| A |
| 鶏ひき肉 |

1人分25円

Ⓑ コンソメ大根

大根にコンソメがしみ込んで子どもも喜ぶ洋風の煮物です。お弁当のすきま埋めにも便利ですよ。

【材料(4人分)】

大根(5cm長さの細切り)
　…1/2本(500g)
A　サラダ油 … 小さじ2
　　顆粒コンソメ、しょうゆ
　　　…各小さじ1
　　おろしにんにく(チューブ)
　　　…小さじ1/2
　　こしょう … 少々

【作り方】

コンテナに大根を入れて平らにし、混ぜ合わせたAをかける。ふたをして冷凍する。

【食べるとき】

コンテナにふたを斜めにのせ、電子レンジ(600W)で10分ほど加熱する。汁気をきり、全体を混ぜる。

詰める順番
| A |
| 大根 |

1人分25円

Ⓒ 大根のうまソース

ウスターソースの複雑な味わいで、うまみたっぷりの一品に。これだけでごはんがなくなりそう!

【材料(4人分)】

大根(1cm厚さのいちょう切り)
　…1/2本(500g)
A　ウスターソース
　　　…大さじ2
　　はちみつ … 大さじ1
　　しょうゆ … 小さじ1
　　おろししょうが(チューブ)
　　　…小さじ1/2

【作り方】

コンテナに大根を入れて平らにし、ペーパータオルをかぶせ、その上から混ぜ合わせたAをかける。ふたをして冷凍する。

【食べるとき】

コンテナにふたを斜めにのせ、電子レンジ(600W)で10分ほど加熱する。汁気を軽くきり、全体を混ぜる。

詰める順番
| A | ペーパータオル |
| 大根 | |

Ⓓ だし酢キャベツ

1人分17円

甘酸っぱくて食べやすく、白だしのうまみで満足感のある味に
仕上げました。どんなおかずとも相性のいい万能サブです。

【材料（4人分）】

キャベツ（細切り）
　…1/4個（250g）
A｜白だし … 大さじ2
　｜酢 … 大さじ1と1/2
　｜砂糖 … 小さじ2

【作り方】

コンテナにAを入れて混ぜ、キ
ャベツを入れて平らにする。ふ
たをして冷凍する。

【食べるとき】

コンテナにふたを斜めにのせ、
電子レンジ（600W）で5〜6
分ほど加熱し、全体を混ぜる。

詰める順番

キャベツ
A

Ⓔ キャベツとハムのマリネ

1人分24円

ハムのうまみでキャベツの甘さが引き立ちます。
食感を残すために加熱しすぎには注意して。

【材料（4人分）】

キャベツ（2cm大に切る）
　…1/4個（250g）
ハム（1cm大に切る）… 2枚（36g）
A｜酢 … 大さじ3
　｜オリーブオイル、はちみつ
　｜　…各大さじ1
　｜塩、こしょう
　｜　…各小さじ1/4

【作り方】

コンテナにキャベツ、ハムの順
に重ねて入れて平らにし、混ぜ
合わせたAをかける。ふたをし
て冷凍する。

【食べるとき】

コンテナにふたを斜めにのせ、
電子レンジ（600W）で5〜6
分ほど加熱する。汁気をきり、
全体を混ぜる。

詰める順番

A
ハム
キャベツ

Ⓕ キャベツのピリ辛あえ

1人分17円

ナムルとキムチのいいとこどりをした欲張りおかず。
しっかり味で、献立のメリハリづけにも◎。

【材料（4人分）】

キャベツ（5cm大に切る）
　…1/4個（250g）
A｜しょうゆ … 大さじ2
　｜砂糖 … 大さじ1/2
　｜ごま油 … 小さじ2
　｜豆板醤 … 小さじ1/3
　｜おろしにんにく（チューブ）
　｜　… 小さじ1/2

【作り方】

コンテナにAを入れて混ぜ、キ
ャベツを入れて平らにする。ふ
たをして冷凍する。

【食べるとき】

コンテナにふたを斜めにのせ、
電子レンジ（600W）で5〜6
分ほど加熱し、全体を混ぜる。

詰める順番

キャベツ
A

Ⓐ

1人分24円

Ⓐ にんじんしりしり

にんじんが多めのごま油と、レンジ加熱でほどよく
水分がとんで甘さが増し増し。炒り卵で彩りと栄養価もアップ！

【材料（4人分）】

にんじん（5cm長さの細切り）
　…1本（150g）
卵…2個（110g）
A　水…大さじ3
　　ごま油…大さじ2
B　かつお節…1パック（3g）
　　しょうゆ…小さじ2
　　顆粒和風だし…小さじ1/2

【作り方】

コンテナに卵を割り入れ、Aを加えてほぐし混ぜる（卵液）。にんじんを入れて平らにし、Bをかける。

【食べるとき】

コンテナにふたを斜めにのせ、電子レンジ（600W）で6〜7分加熱する。卵をほぐしながら全体を混ぜる。

詰める順番

| B |
| にんじん |
| 卵液 |

Ⓑ

1人分30円

Ⓑ にんじんツナサラダ

ツナのうまみ、練りごま、にんじんの甘さが調和して、
山盛り食べられるサラダです。にんじんは薄めに切って。

【材料（4人分）】

にんじん（短冊切り）…1本（150g）
ツナ缶（オイル漬け・オイルをきる）
　…小1缶（70g）
A　めんつゆ（2倍濃縮）、
　　白練りごま…各大さじ1
　　ごま油…小さじ2
　　砂糖、しょうゆ…各小さじ1

【作り方】

コンテナににんじん、ツナの順に重ねて入れて平らにし、混ぜ合わせたAをかける。ふたをして冷凍する。

【食べるとき】

コンテナにふたを斜めにのせ、電子レンジ（600W）で6〜7分ほど加熱し、全体を混ぜる。

詰める順番

| A |
| ツナ |
| にんじん |

ゆーママMEMO

卵液を流し入れるとき、にんじんにまんべんなくかけるようにすると、きれいな形に仕上がりますよ。

Ⓒ

1人分13円

Ⓒ にんじんのチヂミ

メインが軽めのときや小腹がすいたときに大活躍。
ごま油入りの生地で、焼かなくてもコクと食べごたえが楽しめます。

【材料（4人分）】

にんじん（5cm長さの細切り）
　…1本（150g）
卵…1個（55g）
A　ごま油…小さじ2
　　顆粒鶏ガラスープ
　　　…小さじ1/2
　　七味唐辛子（好みで）…適量
B　片栗粉、小麦粉…各大さじ1

【作り方】

1. ボウルに卵を割り入れ、Aを加えてほぐし混ぜる（卵液）。

2. ポリ袋ににんじん、Bを入れて口を閉じ、袋を振って粉をまぶす。

3. コンテナに 2 を入れて平らにし、1 をまんべんなくかける。ふたをして冷凍する。

【食べるとき】

コンテナに水大さじ2を回しかけ、電子レンジ（600W）で6〜7分ほど加熱する。コンテナをさかさまにして取り出し、食べやすく切る。

詰める順番

| 卵液 1 |
| 粉をまぶしたにんじん 2 |

1人分63円

Ⓓ きのこのしぐれ煮

冷凍してうまみが増したきのこなら、お肉がなくても
物足りなさなし！　混ぜごはんにしても抜群です。

【材料（4人分）】

まいたけ（ほぐす）
　…2パック（300g）
しょうが（細切り）
　…1かけ（15g）

A｜砂糖、しょうゆ…各大さじ2
　｜酒…大さじ1
　｜顆粒和風だし…小さじ1/4

詰める順番

| A |
| しょうが |
| まいたけ |

【作り方】

コンテナにまいたけ、しょうがの
順に重ねて入れて平らにし、Aを
かける。ふたをして冷凍する。

【食べるとき】

コンテナにふたを斜めにのせ、
電子レンジ（600W）で6分ほ
ど加熱し、全体を混ぜる。

ゆーままMEMO

冷凍すると香りがとぶので、生の
しょうがを多めに入れるのが風味
を効かせる秘訣です。

1人分64円

Ⓔ きのこのペペロンチーノ

きのこからうまみがたくさん出るので満足感120%。
パスタとからめたりオムレツにかけたりと幅広く使えます。

【材料（4人分）】

しめじ（ほぐす）
　…2パック（300g）
にんにく（薄切り）…2かけ
赤唐辛子（小口切り）…1本
A｜オリーブオイル…大さじ2
　｜顆粒コンソメ…小さじ1
　｜塩、粗びき黒こしょう
　｜　…各少々

【作り方】

コンテナにしめじ、にんにく、
赤唐辛子の順に重ねて入れて平
らにし、Aをかける。ふたをし
て冷凍する。

【食べるとき】

コンテナにふたを斜めにのせ、
電子レンジ（600W）で6分ほ
ど加熱し、全体を混ぜる。

詰める順番

| A |
| 赤唐辛子 |
| にんにく |
| しめじ |

1人分24円

Ⓕ 中華風なめたけ

甘酸っぱい中華だれが新鮮なおいしさ。
市販品よりも薄味なのでそのままおいしくいただけます。

【材料（4人分）】

えのきだけ
　（長さを半分に切ってほぐす）
　…2袋（300g）
A｜酒、しょうゆ、みりん
　｜　…各大さじ2
　｜酢…小さじ2

【作り方】

コンテナにえのきだけを入れて
平らにし、Aをかける。ふたを
して冷凍する。

【食べるとき】

コンテナにふたを斜めにのせ、
電子レンジ（600W）で6分ほ
ど加熱し、全体を混ぜる。

詰める順番

| A |
| えのきだけ |

A

Ⓐ もやしのごまあえ

1人分29円

カルシウムや鉄分たっぷりの体にうれしいあえ物です。
ごまの風味で子どもたちもペロリ!

【材料(4人分)】

もやし …1袋(200g)
芽ひじき
　(さっと洗って水気をきる) … 5g
A　酢 … 大さじ3
　　白いりごま、砂糖、しょうゆ
　　　…各大さじ2
　　白練りごま … 大さじ1

【作り方】

コンテナに芽ひじきを入れて平らにし、混ぜ合わせたAをかけ、いちばん上にもやしをのせて平らにする。ふたをして冷凍する。

【食べるとき】

コンテナにふたを斜めにのせ、電子レンジ(600W)で5分ほど加熱する。汁気をきり、全体を混ぜる。

詰める順番
| もやし |
| A |
| 芽ひじき |

B

Ⓑ もやしのカレーマヨサラダ

1人分5円

さっぱりおかずになりがちなもやしは、カレーマヨでコクをプラス。
余分な水気が出たシャキシャキ食感がやみつき!

【材料(4人分)】

もやし …1袋(200g)
A　カレー粉、しょうゆ
　　　…各大さじ1と1/2
マヨネーズ … 大さじ3

【作り方】

コンテナにもやしを入れて平らにし、Aをかけ、いちばん上の中央にマヨネーズをのせる。ふたをして冷凍する。

【食べるとき】

コンテナにふたを斜めにのせ、電子レンジ(600W)で5分ほど加熱する。汁気をきり、全体を混ぜる。

詰める順番
マヨネーズ
| A |
| もやし |

C

Ⓒ もやしの中華風おひたし

1人分5円

ピリッと辛くてコクのあるたれに、ついつい箸がのびる無限もやし。
冷ややっこにのせてビールのお供にも最高です。

【材料(4人分)】

もやし …1袋(200g)
赤唐辛子(小口切り) …1/2本
A　酢 … 大さじ3
　　砂糖、しょうゆ … 各大さじ2
　　ごま油 … 小さじ2
　　顆粒鶏ガラスープ … 少々

【作り方】

コンテナにもやしを入れて平らにし、Aをかけ、いちばん上に赤唐辛子をのせる。ふたをして冷凍する。

【食べるとき】

コンテナにふたを斜めにのせ、電子レンジ(600W)で5分ほど加熱する。汁気をきり、全体を混ぜる。

詰める順番
| 赤唐辛子 |
| A |
| もやし |

🄓 ロール白菜の煮物

1人分14円

クルクル巻いて、ごちそう風に見せる作戦です！
しっかりしみた白だしと白菜の甘さがほっとする味わいです。

【材料（4人分）】

白菜（芯を切り落とす）… 1/6 株（165g）
A｜白だし … 大さじ3
　｜みりん … 大さじ1

{ POINT }

ⓐ 最初に、コンテナの縁にかたい外葉を詰めて枠を作っておくと、倒れることもなくすきまなく詰められる。
ⓑ 大きい葉は1枚ずつ、小さい葉は数枚重ねて巻いて大きさを調整する。

【作り方】

コンテナの縁に沿わせるように、白菜の外葉から順に渦巻き状にぎゅうぎゅうに詰め（ⓐ）、混ぜ合わせたAをかける。ふたをして冷凍する。

【食べるとき】

1 コンテナにふたを斜めにのせ、電子レンジ（600W）で7分ほど加熱する。
2 コンテナから取り出し、まな板の上で手前からクルクルと巻く（ⓑ）。

D

詰める順番

A
白菜

🄔 白菜のクリーム煮

1人分26円

とろけるほどやわらかい白菜がおいしい！　鶏ガラのコクが白菜の甘さを引き立てて、食べごたえのあるおかずにランクアップ。

【材料（4人分）】

白菜（2cm幅に切る）… 1/6 株（125g）
小麦粉 … 大さじ1と1/2
牛乳 … 250ml

A｜顆粒鶏ガラスープ … 小さじ1
　｜塩、こしょう … 各少々

【作り方】

1 ポリ袋に白菜、小麦粉を入れて袋の口を閉じ、袋をふって粉をまぶす。
2 コンテナに1を入れて平らにし、牛乳、Aの順に加える。ふたをして冷凍する。

【食べるとき】

コンテナに水50mlを加え、ふたを斜めにのせ、電子レンジ（600W）で8分ほど加熱する。とろみがつくまで全体を混ぜる。

E

詰める順番

A
牛乳
粉をまぶした白菜 ❶

🄕 白菜のオイスターあん

1人分14円

カキのエキスが凝縮したオイスターソースは肉なしおかずの強い味方。白菜の大量消費にも！

【材料（4人分）】

白菜（3cm幅に切る）
… 1/6 株（125g）
片栗粉 … 大さじ2
A｜オイスターソース
　｜… 大さじ1と1/2
　｜みりん … 大さじ1
　｜おろしにんにく（チューブ）
　｜… 少々

【作り方】

1 ポリ袋に白菜、片栗粉を入れて袋の口を閉じ、袋をふって粉をまぶす。
2 コンテナに1を入れて平らにし、Aをかける。ふたをして冷凍する。

【食べるとき】

コンテナに水200mlを加え、ふたを斜めにのせ、電子レンジ（600W）で7〜8分ほど加熱する。とろみがつくまで全体を混ぜる。

F

詰める順番

A
粉をまぶした白菜 ❶

111

松本ゆうみ（ゆーママ）

料理研究家。ドーナツ専門店「one for two -donut-」主宰。公式Instagram、ブログなどでレシピを発信。冷凍つくりおきマイスター。企業のベーカリー勤務や洋食店勤務を経て現在に至る。「きょうの料理」（NHK）などのTV、WebCMに出演。企業のレシピ開発、アドバイザー、フードコーディネートなども行う。著書累計75万部突破。『ゆーママの小分け冷凍おかずでほめられ弁当』（扶桑社）、『ゆーママの簡単！冷凍おかずの素』（小社刊）ほか著書多数。

>> **松本ゆうみ（ゆーママ）オフィシャルブログ**
https://ameblo.jp/kys-ttt/

>> **Instagram**
@yu_mama_cafe

STAFF

装丁・デザイン　藤田康平（barber）／西野友紀菜
撮影　難波雄史
編集　こいずみきなこ
校正　草樹社

ゆーママの簡単!
節約レンチンごはん

2023年7月6日　第1刷発行

発行人　　松井謙介
編集人　　長崎　有
発行所　　株式会社　ワン・パブリッシング
　　　　　〒110-0005　東京都台東区上野3-24-6
印刷所　　大日本印刷株式会社
DTP　　　株式会社グレン
企画編集　柏倉友弥

本の内容については、
下記サイトのお問い合わせフォームよりお願いします。
https://one-publishing.co.jp/contact/
不良品（落丁、乱丁）については　Tel 0570-092555
業務センター　〒354-0045 埼玉県入間郡三芳町上富279-1
在庫・注文については書店専用受注センター　Tel 0570-000346

ワン・パブリッシングの書籍・雑誌についての新刊情報・詳細情報は、下記をご覧ください。
https://one-publishing.co.jp/